MW00473310

EDAF

MADRID - MÉXICO - BUENOS AIRES - SAN JUAN - SANTIAGO

OSHO

CONSCIENCIA FEMENINA EXPERIENCIA FEMENINA

———

BOLSILLO ✦ EDAF

Título del original:
FEMALE CONSCIOUSNESS - FEMALE EXPERIENCE

© De là traducción: ARHANA
© 1999. Osho International Foundation. El material de este libro es una selección de las
charlas dadas por Osho durante más de treinta años. Todas ellas han sido publicadas
íntegramente en inglés y también están disponibles las grabaciones originales en
audio. Ambas se pueden encontrar on-line en la biblioteca de la www.osho.com.
© 2004. De esta edición, Editorial EDAF, S.A., por acuerdo con Osho International
Foundation, Bahnhofstr, 52. 8001 Zurich, Switzerland
www.osho.com. Osho® es una marca registrada de Osho International Foundation.

Diseño de cubierta: Ricardo Sánchez

Editorial EDAF, S. A.
Jorge Juan, 30. 28001 Madrid
http://www.edaf.net
edaf@edaf.net

Edaf y Morales, S. A.
Oriente, 180, nº 279. Colonia Moctezuma, 2da. Sec.
C. P. 15530. México, D. F.
http://www.edaf-y-morales.com.mx
edafmorales@edaf.net

Edaf del Plata, S. A.
Chile, 2222
1227 - Buenos Aires, Argentina
edafdelplata@edaf.net

Edaf Antillas, Inc
Av. J. T. Piñero, 1594 - Caparra Terrace (00921-1413)
San Juan, Puerto Rico
edafantillas@edaf.net

Edaf Chile, S.A.
Huérfanos, 1178 - Of. 506
Santiago - Chile
edafchile@edaf.net

2ª. edición, febrero 2004

Depósito legal: M-8.893-2004
ISBN: 84-414-1434-3

PRINTED IN SPAIN   IMPRESO EN ESPAÑA

Imprime: Cofas, S.A - Pol. Ind. Prado de Regordoño - Móstoles (Madrid)

Índice

Introducción

―――――

La primera dificultad con la que me encontré cuando recopilaba el material para este libro fue una pequeña cita de Osho sobre la consciencia, en la que afirmaba que la consciencia sobre la que él habla no pertenece a ningún sexo en particular. *La consciencia no es masculina ni femenina, porque no le pertenece al cuerpo; está suspendida por encima del cuerpo.* A pesar de que existen cualidades a las que Osho llama femeninas, el asunto principal y el enfoque de este pequeño libro es la consciencia.

El lector no debe esperar un libro más rozando siquiera la ancestral relación entre hombre y mujer. En cuanto a Osho concierne, dejó muy claro que no está interesado en nuestras relaciones personales; las dejó absolutamente a un lado como pesadillas propias de nosotros. No encontrarás ningún consuelo en este libro. Las religiones y la sociedad han consolado a la gente durante siglos. Como Osho dice: «Todos ellos han encontrado explicaciones para que nada haya de ser cambiado; no debes crecer en consciencia y conocimiento. Únicamente continúan dándote pastillas homeopáticas de azúcar: consolándote con que es tu vida pasada y sus actos diabólicos los que están afectando tu vida, ensombreciéndola, aportándote miseria. Lo único que puedes hacer es aceptarlo y tener paciencia, porque Dios es compasivo y finalmente serás perdonado. Esto es un opio; te mantiene medio dormido. La gente ha elegido todos estos consuelos porque los mismos le ayudan a evitar tomarse la molestia de cambiar su consciencia, su comprensión, sus actitudes. Nada ha de ser cambiado; no puedes hacer nada. Por tanto, relájate en tu posición, acéptalo como tu destino, porque si no puede hacerse nada al respecto, lo único posible es la aceptación. La aceptación da un tipo de paz: muerto, ocultando tu desesperación, tu angustia, tu sufrimiento. Pero sabiendo que nada está en tus manos; que todo está en manos de Dios… no eres más que una marioneta. Cuando tira de tus cuerdas, bailas; hace contigo lo que quiere. Esto te ayuda a permanecer en una condición de estar medio dormido. Y también te exime de responsabilidad. No puedes hacer nada; por tanto no eres responsable de lo que sucede: no estás contribuyendo a tu propio sufrimiento ni al de la persona con la que te relacionas. Y puedes seguir repitiendo el mismo círculo vicioso toda tu vida. Poco a poco te acostumbras, te haces inmune. Sabes que así es la vida. Por esta razón nunca ha habido una revolución en las relaciones humanas».

Este libro es una introducción a la transformación en la calidad de vida. Introducirá al lector en la comprensión de la consciencia y de las cualidades que se desarrollan en una consciencia en evolución.

El legado
de la dominación masculina

EL mundo padece demasiado conflicto debido a la energía masculina y su dominación. Es necesario un equilibrio. No estoy diciendo en absoluto que la energía masculina no sea necesaria; lo es, pero en proporción. Actualmente, el noventa y nueve por ciento es energía masculina, y la mujer solo existe al margen. Ella no está en la corriente principal de la vida; por eso existe discordia, lucha, pelea, guerra. Esa energía ha conducido a la humanidad al borde del suicidio total. Puede suceder cualquier día, a menos que la energía femenina sea liberada para equilibrarlo. Esta es la única esperanza.

L A mente masculina ha creado la ciencia. La ciencia es agresiva. Es casi una violación a la naturaleza. Es una tentativa violenta para forzar a la naturaleza a ceder sus secretos. Carece del don de la gracia. No contiene plegaria alguna. Hay conflicto; por eso lo llaman la «conquista de la naturaleza», «conquistar la naturaleza». Pero ¡es absurdo! ¿Cómo podrías conquistar la naturaleza?; tú eres parte de ella. ¿Cómo puede mi mano conquistarme?; la mano es parte de mí. ¿Cómo puede una hoja conquistar al árbol? ¡Estúpido, simplemente estúpido!

Y dada esa estupidez, hemos creado toda una civilización que está tratando de conquistarlo todo. Es el mundo dominado por lo masculino —y cuando digo dominado por lo masculino, me refiero a la mente agresiva. Una mujer puede ser masculina si tiene una mente agresiva y un hombre puede ser femenino si tiene una mente receptiva.

Los pequeños criminales son encarcelados, sentenciados a muerte, y los grandes criminales se convierten en vuestros héroes. Esto se debe a que la mujer ha sido apartada por completo de contribuir en algo a la vida; de otra manera no habría habido tantas guerras. Ninguna mujer está interesada en la guerra, esto sencillamente es contrario a la naturaleza femenina. Ella está interesada en el amor, en una bella casa, en un bonito jardín alrededor de la casa. Está interesada en las pequeñas cosas, pero esas pequeñas cosas hacen que la vida merezca ser vivida. No está interesada en crear armas atómicas, misiles nucleares. No puede comprender qué está haciendo el hombre. ¿Está loco o algo parecido?

L A energía masculina puede hablar sobre paz, pero solamente se prepara para la guerra. Continúa diciendo que tenemos que luchar para proteger la paz. Pues bien, fíjate en el absurdo: tenemos que ir a la guerra, de lo contrario no habrá paz en el mundo. Para alcanzar la paz vamos a la guerra. Así es como hemos entrado en guerras a lo largo de los tiempos y la paz no ha llegado. Durante tres mil años el hombre ha luchado en cinco mil guerras. No pasa ni un solo día que no haya una guerra en un lugar o en otro. Unas veces es en Vietnam, otras en Israel, en Cachemira o en algún otro lugar, pero la guerra continúa. Y no es únicamente una cuestión de cambiar la ideología política del mundo —eso no servirá de nada, porque todas esas ideologías son masculinas.

Tenemos que cambiar la propia alquimia del hombre.

Tenemos que reordenar por completo el interior del hombre.

Y la revolución más básica del hombre aparecerá cuando sea el corazón quien decida los valores. El corazón no puede decidirse por la guerra, no puede dirigirse hacia las armas nucleares; no puede estar orientado en la muerte. El corazón es el jugo de la vida. Una vez que la cabeza se ponga al servicio del corazón, tiene que hacer lo que el corazón decida. Y la cabeza tiene un inmenso potencial para hacer cualquier cosa, solo necesita la guía adecuada; de lo contrario se trastornará, se volverá loca. Para la cabeza no existen valores. Para la cabeza nada tiene sentido. Para la cabeza no existe el amor, la belleza, la gracia…, solamente el razonamiento.

Todas las religiones han sido fundadas por hombres, y todas las religiones han condenado a las mujeres.

El jainismo, una de las religiones más ancestrales de India, dice que desde un cuerpo de mujer nadie puede liberarse, nadie puede iluminarse. Desde un cuerpo de mujer nadie puede crecer hacia la consciencia. Extraño —esa misma gente enseña que el cuerpo y el alma están separados, que el alma no es ni masculina ni femenina, que el crecimiento acontece en el alma, y que la liberación es del alma, no del cuerpo. Entonces, ¿por qué no pueden las mujeres entrar en el paraíso?

No, ellas tienen que ser rebajadas de cualquier forma posible. Para empezar, deberían practicar disciplinas religiosas para nacer en un cuerpo de hombre en su próxima vida. Todo lo que ahora pueden hacer es rezar, meditar, ayunar, para poder introducirse en un cuerpo de hombre en la próxima vida. Entonces tendrán una posibilidad. En un cuerpo de mujer no existe ninguna posibilidad.

El reino de la espiritualidad ha permanecido dominado por el machismo —y no solo machismo, sino machismo chauvinista. Existían razones por las que todas las tradiciones espirituales eran contrarias a las mujeres. Estaban en contra de ellas porque estaban en contra de la vida, y para destruir la vida, la cosa más elemental es separar a hombres y mujeres. Eran contrarias a cualquier disfrute, cualquier amor, cualquier cosa jugosa. Lo más sencillo era condenar a la mujer y separarla del hombre tanto como fuera posible, particularmente en los monasterios.

Las mujeres eran seres humanos de segunda clase, no estaban al nivel del hombre. Naturalmente esto alteró muchas cosas. Eliminó toda alegría, sentido del humor, regocijo, y creó una estructura de vida muy seca para los hombres y también para las mujeres. Ambos son partes de un todo y, cuando los separas, los dos están anhelando algo continuamente —y ese vacío no puede llenarse, ese vacío hace serias a las personas, enfermizamente serias y pervertidas, psicológicamente desequilibradas. Distorsiona la armonía natural; distorsiona el equilibrio biológico. Es una calamidad tan grande que durante siglos el hombre lo ha estado sufriendo.

LA mitad de la humanidad está muriéndose de hambre, y los políticos y generales, todos ellos hombres, siguen acumulando armas nucleares. Ya tienen más de las que necesitan —setecientas veces más de las necesarias para destruir este mundo por completo. Todo lo que vive en la tierra —árboles, pájaros, animales, seres humanos, todo lo que está vivo— poseemos ya setecientas veces más del material suficiente para destruirlo. Y continúan acumulando.

¿Crees que esto es sensato cuando la mitad de la raza humana está muriéndose de hambre? Esto sucede porque el hombre ha contribuido a la existencia en solitario. Él no tiene la compasión de la mujer; solamente posee la dureza del hombre. Él no permite que la tolerancia de la mujer influya en los asuntos del mundo.

Necesitamos una vida muy equilibrada, en la que tanto el hombre como la mujer contribuyan por igual. La vida será más pacífica, más amorosa, más divertida. Será una enorme celebración. Y en esa celebración, mi esperanza es que seremos capaces de ir más allá de lo ordinario, del disfrute mundano hacia la dicha cósmica, hacia la verdad, hacia la consciencia, hacia la bendición.

L A historia está creada por hombres; ninguna mujer ha escrito la historia. Está orientada en el machismo, dominada por el machismo, dirigida por el machismo. Es una historia falsa.

El hombre ha tratado de condicionar a la mujer de tal modo que pueda explotarla fácilmente, y ella ni tan siquiera pueda rebelarse. Los esclavos siempre tienen que ser hipnotizados de tal forma que no puedan sublevarse. El hombre ha condicionado la mente femenina para que ella piense como él quiere.

Los hombres han sostenido que las mujeres son débiles, lo cual es médicamente incorrecto. Las mujeres viven más que los hombres, cinco años más. Las mujeres padecen menos enfermedades que los hombres. Las mujeres se vuelven locas con la mitad de frecuencia que los hombres. Las mujeres cometen suicidio con la mitad de frecuencia que los hombres. Aun así, la mujer es débil, y hay que mantenerla apartada de todo para que no pueda crecer. Pero la mitad de la sociedad está compuesta por mujeres. Ellas dan nacimiento a vuestros hijos.

Lo que le haces a la mujer también se lo estás haciendo a tus hijos, porque ellas son quienes cuidan de ellos; los niños aprenderán de la mujer y la imitarán. Por esa razón todos los lenguajes se denominan la madre lengua. Ni los alemanes tienen el coraje de decir que su idioma es el padre lengua.

Las mujeres siguen preguntándose una y otra vez por qué ellas no pueden ser tan grandiosas como Gautama Buda, Jesús, Zaratustra o Lao Tse. El hombre no ha consentido que las mujeres fueran incluso educadas siquiera. No ha permitido que tuvieran ninguna independencia económica. No ha dejado que la mujer se moviera con libertad en la sociedad. A lo sumo puede ir a la iglesia. El único hombre accesible para ella es el sacerdote.

¿Cómo puede una mujer llegar a ser un Gautama Buda? ¡Los Gautama Buda no crecen en los árboles; ni tampoco caen del cielo de repente! Necesitan raíces en la tierra y también necesitan nutrirse para crecer. A la mujer, particularmente en el pasado, se la mantenía continuamente embarazada. Ha sido utilizada como una fábrica para la reproducción. Y era una necesidad biológica, porque de diez hijos, nueve morían y solo uno sobrevivía. Por tanto, si necesitabas unos cuantos hijos, la mujer tenía que estar siempre embarazada. No le quedaba tiempo para ser un Gautama Buda. Ni siquiera era aceptada su igualdad con el hombre.

EL hombre es quien ha creado los libros religiosos, quien ha creado las iglesias, las ideologías y las teologías. Por supuesto, cuando menciona a Dios dice «él». Por supuesto, dice: «Dios creó al hombre a su propia imagen» —no a la mujer, sino al hombre. La mujer no es más que una costilla sacada del hombre, un suplemento, un apéndice, un pensamiento tardío —porque el hombre se sentía muy solo. Necesitaba una mujer que le diera consuelo, calor, comodidad. Así pues, la mujer fue creada como mero instrumento para ser explotada por el hombre, pero Dios creó al hombre a su propia imagen y la mujer solo es una ocurrencia posterior. Nunca proyectó a la mujer en un principio —es una ocurrencia tardía. Viendo al hombre solitario, triste, creó a la mujer para ser explotada, para ser utilizada. Es un subterfugio.

El hombre ha aportado estas feas ideas al mundo. Hasta ahora el hombre ha dominado el mundo, por eso a Dios lo menciona como «él» —aunque «ella» hubiera sido mucho mejor, porque en «ella» está contenido «el», pero en «el» no está contenido «ella». «Ella» hubiera sido mucho mejor. Sin embargo, aquellos que lo han conocido, no han utilizado «él» ni tampoco «ella» —han usado «ello», y eso es lo mejor.

Concretamente en Oriente, Dios no es ni «él» ni «ella» —es *Ardhanarishwar*, mitad hombre, mitad mujer. Por eso en las escrituras hindúes se le menciona como «ello». Contiene los dos y, sin embargo, los trasciende a ambos.

Yo también digo «él» cuando hablo de Dios, pero recuerda que únicamente estoy utilizando una palabra de uso común. Podría decir «ella», pero eso solo crearía problemas. O puedo llamarlo «él y ella» todas las veces, pero eso parecería un tanto feo. Lo sigo llamando «él» porque tengo que utilizar el lenguaje de que disponemos. Pero recuerda, no tengo ningún respeto hacia las ideologías chauvinistas machistas.

Los hombres no van a las iglesias, a los templos, ni a ningún otro lugar sagrado. Van las mujeres, porque ese es el único lugar donde pueden murmurar entre ellas. No tienen ningún club, no pueden ir a los restaurantes, a las tabernas. No tienen movilidad social alguna, solamente la iglesia. Por eso salen por necesidad, porque ese es el único lugar donde pueden mostrar sus adornos, sus bellos vestidos, sus abrigos de piel y todo tipo de chismorreos que bullen en su interior. No van por Jesucristo, ¡eso es seguro!

Unos cuantos maridos también van —pero no por Jesucristo, sino para vigilar a sus esposas, ¡o para echarle un vistazo a la mujer de otro!

L A persona religiosa tiene que ser alegre, llena de humor, risa, amor.

Ciertamente, con esto estoy tratando de hacer una de las contribuciones más importantes. Se opondrán a ello todas las tradiciones y todas las religiones —el mundo entero se opondrá, porque estamos demostrando que durante diez mil años han estado equivocados, y esto hiere sus egos. Les gustaría destruirnos antes de aceptar el hecho de que la espiritualidad debería estar llena de risa, llena de sentido del humor, llena de disfrute; porque entonces no hay ansiedad, no hay problemas, angustias, y la persona se relaja en un profundo dejarse ir con la existencia.

L A energía femenina tiene que ser liberada. Eso puede traer el equilibrio. La Luna* ha estado demasiado descuidada, el Sol se ha hecho demasiado prominente. La Luna tiene que ser devuelta a la vida. Y con la Luna no solamente está la mujer: con la Luna está también toda la poesía, toda la estética, todo el amor y todo lo que pertenece al corazón; todo ello viene de la Luna. Todo lo intuitivo se nutre de la Luna.

---

* En el idioma inglés, y en muchos otros idiomas, el Sol representa la energía masculina y la Luna la energía femenina.

Celebrando lo femenino

E s cierto que todas las grandes cualidades son femeninas —el amor, la compasión, la condolencia, la amabilidad.

Todas estas cualidades tienen el aroma de lo femenino. Existen cualidades masculinas, cualidades del guerrero, del coraje. Son cualidades rudas, uno tiene que ser como el acero. Porque las cualidades del hombre se han desarrollado a través de la guerra, y las cualidades femeninas se han desarrollado en el hogar, en el jardín del amor, con el marido y los hijos —ella ha vivido en un mundo totalmente distinto. El hombre ha vivido luchando permanentemente. En tres mil años ha habido cinco mil guerras en el mundo —como si matar fuera la única profesión del hombre.

Las cualidades son cualidades, y todas las cualidades bellas son femeninas —el amor, la confianza, la compasión, la gratitud y la rendición. Todas las cualidades admirables son femeninas.

Sí, ha habido unos cuantos hombres como Gautama Buda, Jesucristo, Krishna —¿pero te has
dado cuenta de una cosa? Todos ellos tienen un
aspecto femenino. De hecho, esa fue una de las crí-
ticas de Friedrich Nietzsche hacia Buda y Jesucristo, por su aspecto femenino, por ser afeminados.
Ciertamente Buda tiene aspecto femenino. Cuando
un hombre se mueve por el corazón, algo en él se
vuelve femenino. Se torna más redondo, más
suave, más vulnerable.

Friedrich Nietzsche no puede comprender a
Gautama Buda... porque Nietzsche dice que lo más
hermoso que jamás le sucedió, lo más bello que
jamás vio, no fueron las estrellas, ni la puesta de
sol o el amanecer, ni las mujeres bellas, ni las rosas
o los lotos —no, nada de eso... No puedes imaginar qué fue lo más hermoso con lo que se cruzó.
Dice que soldados desfilando con las espadas
desenvainadas, brillando bajo la luz del sol —esa
fue su experiencia más hermosa. El sonido de sus
botas fue lo más musical con lo que jamás se cruzó
—ni Mozart, ni Wagner, no; el sonido de las botas.
Y ver al regimiento moverse con sus espadas
desenvainadas brillando bajo el sol fue la cosa más
hermosa que vio.

Por supuesto, él no puede comprender a Buda.

FRIEDRICH Nietzsche ha sido el padre de este siglo, y este siglo es uno de los más lamentables. Es el padre de dos guerras mundiales, y puede que esté esperando la tercera, esperando dar nacimiento a la tercera. Dice que la guerra es lo más maravilloso del mundo, porque saca a la superficie lo más grandioso del hombre.

Él mismo se volvió loco, lo cual parece muy lógico; semejante hombre tiene que volverse loco. Y cuando enloqueció empezó a firmar sus cartas como «Friedrich Nietzsche el Anti-Cristo». Ni siquiera en su locura podía olvidar una cosa, que era el Anticristo. Olvidó todo lo demás: no podía reconocer a sus amigos, ni incluso a su propia hermana que había cuidado de él toda su vida, pero no podía olvidar una cosa, que era el Anticristo.

Sí, han existido unos cuantos Budas. Pero si los observas de cerca descubrirás que son más femeninos que masculinos. Todos los grandes artistas del mundo poco a poco empiezan a desarrollar una cualidad de feminidad, de gracia, elegancia, exquisitez. Les rodea un cierto aroma de suavidad, de relajación, de calma y de quietud. Dejan de ser febriles. Lo que aquí os estoy enseñando es realmente a volver femenino el mundo entero.

L A mentalidad oriental es femenina. Por eso en Oriente veneramos todas las cualidades femeninas: la compasión, el amor, la condolencia, la no-violencia, la aceptación, la complacencia —cualidades femeninas todas ellas. En Occidente se alaban todas las cualidades masculinas: la perseverancia, la fuerza de voluntad, el ego, la autoestima, la independencia, la rebeldía —estos son los valores que allí se ensalzan. En Oriente —la obediencia, la rendición, la aceptación. La actitud básica en Oriente es femenina y en Occidente masculina.

En Oriente, mucha gente, muchas tradiciones, denominaban a Dios la madre. Su planteamiento parece ser más relevante. Observa a Buda, su cara parece ser más de mujer que de hombre. De hecho, este es el motivo por el que no se lo representa con barba o bigote. A Mahavir, Buda, Krishna o Ram nunca los verás con bigote o barba. No es que les faltara alguna hormona, debían de tener barba, pero no los representamos así porque les daría una apariencia más masculina. En Oriente no nos preocupan mucho los hechos, nos importa más su relevancia, su significado. Por supuesto, todas las estatuas de Buda que has visto son falsas, pero en Oriente eso no nos inquieta. Lo significativo es que Buda se ha vuelto más afeminado, más femenino.

Ese es el cambio del hemisferio izquierdo del cerebro al hemisferio derecho, de lo masculino a lo femenino, de lo agresivo a lo pasivo, de lo positivo a lo negativo, del esfuerzo a lo fácil. Un Buda es más femenino, más maternal. Si realmente te conviertes en un meditador, poco a poco verás muchos cambios en tu ser y sentirás más como mujer que como hombre —más grácil, más receptivo, no-violento, amoroso. Y la compasión brotará continuamente de tu ser; será justamente una fragancia natural.

Todo el conocimiento de Occidente está basado por completo en la lógica. Aristóteles es el padre de este conocimiento. Donde existe la lógica siempre hay análisis: dividiendo las cosas en fragmentos. Por tanto, el método que sigue la ciencia en Occidente es el analítico. Así se llegó al átomo —separando la materia una y otra vez.

La consciencia femenina es sintética. No separa las cosas, sino que por el contrario las une. Dice: «Continúa añadiendo, sigue sumando, y cuando no quede nada más por agregar, lo que queda es la Verdad». Así pues, todas las conclusiones sacadas por una consciencia femenina pertenecen a la vasta expansión y no al átomo. Esta es la consciencia que ha declarado: «Todo el universo es solo *Brahma*». Los científicos afirman que el universo es un conglomerado de átomos y que cada átomo es una entidad en sí mismo. Los átomos no están unidos; no pueden estarlo. Entre cada uno de ellos existe un abismo. Son como partículas de arena mantenidas juntas. ¿Es eso cierto? ¿O es su método de deducción lo que los lleva a esta conclusión de que el universo es una gran cantidad de átomos?

AQUEL que trabaja según el método de la consciencia femenina dice que el universo es uno. No es cuestión de muchos; ni siquiera existen dos. El universo es una vasta expansión. Va añadiendo, y cuando ya no le queda nada más por agregar, todo el universo queda acumulado en uno.

La mujer siempre piensa en términos de acumulación. El hombre siempre piensa en términos de romper, de segregar. Esta es la mentalidad masculina. La mentalidad femenina acumula y, siendo esto así, las conclusiones que alcanza son distintas de las que se llega mediante el análisis.

Recuerda: donde hay análisis, hay agresión. Por eso es por lo que los científicos occidentales hablan en términos de conquistar la naturaleza. Pero en Oriente, gente como Lao Tse dicen: «Somos los hijos de la naturaleza. ¿Cómo podemos conquistarla? ¡Sería un acto de ultrajante opresión a nuestra madre!».

LAO Tse dice: «El secreto de la consciencia femenina —la no-precipitación, la paciencia, la falta de conciencia del tiempo— son pasos útiles en dirección a la Verdad». Esto es algo que siempre debes recordar. Cuando hablo de la consciencia femenina, me refiero únicamente a eso. No tiene nada que ver con la mujer. Un hombre también puede poseer consciencia femenina. Una persona como Buda tiene una consciencia femenina, no tiene el concepto del tiempo.

La mujer vive en el espacio. Su mente reside en el espacio. El espacio se expande en el aquí y ahora. El tiempo se despliega en el pasado y en el futuro. El espacio se desarrolla en el presente —aquí y ahora. La mujer tiene un buen conocimiento del espacio, y cualquier pequeño trabajo que haya sido hecho por ella, lo ha hecho todo en el espacio. Si hace una casa, diseña muebles, decora una habitación, se pone un vestido o adornos, todo es «espacioso». Las figuras y las formas están todas en el espacio. Ella no está instalada en el tiempo.

Todo el interés del hombre se centra en el tiempo. Cavila sobre cómo establecer el comunismo —Karl Marx pasó cuarenta años de su vida en la Librería del Museo Británico pensando en la forma y los medios para establecer el comunismo. Pues bien, Marx nunca vivió para ver su sueño realizado; no hubo manera de cumplir su sueño en vida. Pero, no obstante, él siguió haciendo planes —que otro lo llevara a cabo o no permitir en absoluto que nadie lo hiciera, eso no le importaba; sin embargo, Marx trabajó hasta dejarse los huesos en este proyecto.

El suyo era un sueño del futuro —algún día llegará el comunismo. Ninguna mujer haría esto jamás, porque está ligada al aquí y ahora. En su interior no existe el conocimiento, la experiencia del tiempo.

Lao Tse cree que si se pierde el conocimiento del tiempo, se puede alcanzar la consciencia femenina. Por ello, buscadores de todo el mundo han manifestado que la meditación se logra cuando el tiempo se ha extinguido.

Alguien preguntó a Jesús qué tenía su cielo de especial, y él contestó: «Dejará de existir el tiempo para siempre».

No existirá el tiempo —todas las ansiedades llegan por el tiempo. Todos los deseos vienen por el tiempo. Todas las pasiones nacen debido al tiempo. Todas las expectativas de resultados surgen del tiempo. Por el tiempo, el reino de nuestra felicidad emerge en algún lugar del futuro, no aquí y ahora.

Lao Tse dice que la naturaleza de la existencia es más parecida a la de la mujer, es más femenina. Y la analogía es preciosa. No está diciendo que la existencia sea hembra —recuérdalo. Esto no es lógico, no está intentando demostrar que la existencia sea hembra. No está a favor del movimiento de liberación de la mujer —no. Simplemente está ofreciendo una analogía.

Un hombre también puede ser femenino. Un Buda es femenino, un Lao Tse es femenino, un Jesús es femenino. Entonces vive, vive en el momento, sin prisas; disfruta del momento pausadamente.

LA PUERTA DE MÍSTICA LO FEMENINO
ES LA RAÍZ DEL CIELO Y DE LA TIERRA...

LAO TSE

SI puedes encontrar la llave para abrir la puerta de la mística de lo femenino, has abierto la puerta de la existencia. Todo el mundo tiene que pasar por esa puerta sin tensión, equilibrado, satisfecho, contento —ese es el secreto del ser femenino.

Cuando digo esto, existen dos posibilidades de malentendidos: las mujeres pueden interpretarlo mal y creer que no pueden hacer nada; los hombres pueden comprenderlo mal y pensar que esto no es para ellos. No; es para ambos. Pero recuerda… las mujeres no son puras, han perdido su mística femenina. Tienen que volver a conseguirla. Desde luego para ellas será más fácil conquistarla que para los hombres, porque el hombre se ha alejado mucho. Y si eres un hombre, no creas que un hombre como Lao Tse no es para ti —es particularmente para ti, de lo contrario seguirás alejándote cada vez más de la existencia y del éxtasis de la vida. Todo el mundo tiene que regresar a la madre; esa es la mística femenina.

El hombre es como una roca y la mujer es como el agua. Cuando el agua cae sobre las rocas, la roca desaparece, antes o después se convierte en arena. Es solo una cuestión de tiempo. En el primer contacto del agua con la roca, la roca es tan fuerte y el agua tan suave, que lógicamente nunca puedes imaginar que un día el agua destruirá la roca, que se disolverá en arena y que el agua seguirá estando allí.

Esto es lo que Lao Tse llama «el camino de la corriente de agua» —la fuerza de lo femenino.

La energía masculina es la del hacha, la del leñador. ¿Has observado a un leñador cortando leña? Esa es la energía de lo masculino: destructiva, agresiva, violenta.

La energía femenina es como la de un surfista. Lo masculino en lugar de fluir con la vida lucha contra ella; lo femenino se deja llevar por ella, nada con ella, no lucha contra ella. Lo femenino es maleable y tiene flexibilidad, es más líquido.

DÉJAME contarte una anécdota:
Entre los alemanes, Berlín está considerada como la personificación de la brusquedad y la eficiencia prusianas, mientras que Viena es la esencia del encanto y la negligencia austriaca. Existe un relato sobre un berlinés que en su visita a Viena se perdió y necesitaba ayuda. ¿Qué hizo dicho berlinés? Agarró por la solapa al primer vienés que pasó y le gritó: «La oficina de Correos. ¿Dónde está?».

El vienés, sobresaltado, le apartó cuidadosamente la mano, se colocó la solapa y muy educadamente dijo: «Señor, no hubiera sido más delicado acercarse a mí cortésmente y haber dicho: "Señor, si tiene un momento y lo sabe, ¿podría decirme dónde está la oficina de Correos?"».

El berlinés, asombrado, lo miró fijamente un momento, refunfuñando a continuación: «¡Preferiría seguir perdido!», y se largó.

El mismo vienés también visitó Berlín ese año y resultó que ahora era él quien tenía que buscar la oficina de Correos. Acercándose a un berlinés, le dijo educadamente: «Señor, si dispone de un momento y lo sabe, ¿podría decirme dónde está la oficina de Correos?».

Como una máquina, el berlinés contestó rápidamente: «De frente, pasados dos bloques, gire a la derecha y, una casa más adelante, cruce la calle, dé media vuelta hacia la derecha, camine por la izquierda de las vías del tren y, dejando atrás el quiosco de periódicos, llegará al vestíbulo de Correos».

El vienés, a pesar de estar más desconcertado que informado, murmuró: «Mil gracias, muy amable, señor», después de lo cual el berlinés lo agarró furiosamente por la solapa gritándole: «Déjese de gracias y repita las instrucciones!».

E L berlinés es la mente masculina; el vienés la mente femenina. La mente femenina tiene el don de la gracia, la masculina tiene eficiencia. Y, desde luego, si a la larga hay una lucha constante, la gracia está destinada a ser derrotada —la mente eficiente vencerá porque el mundo comprende el lenguaje de las matemáticas no del amor. Pero en el momento en que la eficiencia vence a la gracia, has perdido algo tremendamente valioso: has perdido el contacto con tu propio ser. Serás muy eficiente, pero dejarás de ser una persona auténtica. Te convertirás en una máquina, en algo semejante a un robot.

ALEMANIA es el único país que dice de sí mismo «el padre patria». ¡Qué mentalidad tan machista y chauvinista!

Todos los países del mundo se dicen «madre patria», pero los alemanes no podían decirlo de su país —parece como si estuvieran refiriéndose a su país por el nombre del sexo débil. Padre patria parece mejor.

Por favor, empezad a abandonar la idea de padre patria. Haced de Alemania la madre patria. Dadle más cualidades femeninas, alejad sus ideas machistas y chauvinistas.

Cuando hagas la meditación «¿Quién soy yo?», te toparás con este asunto, y quedará disuelto. Y cuanto más ahondes en ello... te surgirán preguntas más profundas: primero sociológicas, teológicas y después biológicas. Tú tienes un cuerpo de hombre o un cuerpo de mujer, te surgirá la pregunta: «¿Soy un hombre o una mujer?». La consciencia no es ninguno de los dos. La consciencia no puede ser masculina ni femenina. La consciencia es simplemente consciencia; es únicamente la capacidad de ser un testigo. Pronto atravesarás también esa barrera; te olvidarás de que eres hombre o mujer.

Y así sucesivamente. Cuando son abandonadas todas las viejas identidades, cuando nada permanece, solamente resuena en el silencio la pregunta: «¿Quién soy yo?». Esta incógnita no puede sustentarse por sí sola; necesita algunas respuestas, de otro modo no puede subsistir. Llega un punto en el que preguntar se vuelve absurdo... la pregunta también se evapora. Ese es el momento denominado autoconocimiento —*atmagyan*. Es el momento en que, sin recibir ninguna respuesta, sencillamente tú sabes, sientes quién eres.

Quizá no permitamos que nuestra consciencia se eleve más porque entonces la vida sería una sorpresa constante y pudiera ser que no fuerais capaces de manejarla. Por eso os habéis instalado en una mente obtusa, existe un cierto interés en ello. Sois torpes por alguna razón, hay un propósito determinado —si estuvierais realmente vivos, todo sería sorprendente e impactante. Si permanecéis siendo torpes, nada os sorprenderá, nada os escandalizará. Cuanto más lerdo seas, más lerda te parecerá ser la vida. Si te vuelves más consciente, la vida también será más viva, más activa, y surgirán las dificultades.'

MI esfuerzo es crear una revolución tal que toda la consciencia de la humanidad quede afectada por ello. Solo con la iluminación individual no es suficiente. Tenemos que empezar un proceso de iluminación en el que miles de personas se iluminen casi simultáneamente, para que toda la consciencia de la humanidad pueda elevarse a un nivel más alto, pues esta es la única esperanza de salvarla.

Ni masculino ni femenino

La consciencia no es ni masculina ni femenina, porque no le pertenece al cuerpo; está suspendida por encima del cuerpo. La gente viene a mí y me pregunta: «¿Dónde está localizada la consciencia?». No puede localizarse, porque no forma parte del cuerpo. Está suspendida en algún lugar por encima de ti. No se encuentra exactamente en el cuerpo, no puede ser ubicada. Y una vez que lo percibas, tú también estás suspendido sobre tu cuerpo. Tú no estás en el cuerpo —este es el significado de la palabra inglesa «éxtasis». Éxtasis quiere decir estar fuera de uno mismo, ecstasy —estar fuera.

Cuando eres consciente, te vuelves extático. Estás fuera de ti mismo. Te transformas en un observador en las alturas.

No existe una consciencia correcta porque no hay ninguna posibilidad de una consciencia equivocada.

La consciencia es correcta. Por tanto, no preguntes qué es una consciencia correcta, simplemente pregunta qué es la consciencia. La consciencia es simple, muy inocente. Todo el mundo la tiene, por tanto, no es una cuestión de conquista. Ya lo posees.

Cuando ves la puesta de sol, ¿no te das cuenta? Cuando ves una rosa, ¿no te das cuenta? Aprecias la bonita puesta de sol, percibes la belleza de la rosa; todo lo que necesitas es poner tu atención en tu consciencia también. Esto es lo único que tienes que añadir, el único refinamiento.

Eres consciente de los objetos. Tienes que ser consciente de tu subjetividad.

Todo el arte consiste en cómo funcionar desde la parte femenina de la mente, porque lo femenino está unido al Todo y lo masculino no está unido con el Todo. Lo masculino es agresivo, lo masculino está constantemente en lucha —lo femenino está continuamente en rendición, en profunda confianza. Por eso el cuerpo femenino es tan bello, tan redondo. Tiene una inmensa confianza y una gran armonía con la naturaleza. La mujer vive en profunda rendición —el hombre está siempre peleando, enojado, haciendo esto y aquello, tratando de demostrar algo, intentando llegar a alguna parte. La mujer es feliz, no intenta llegar a ninguna parte. Pregunta a las mujeres si les gustaría ir a la Luna. Simplemente se quedarán asombradas. ¿Para qué? ¿Con qué motivo? ¿Por qué tomarse semejante molestia? El hogar es perfectamente válido. La mujer no está interesada en saber qué está pasando en Vietnam, en Corea o en Israel. A lo sumo, le interesa saber qué pasa en el vecindario, o como mucho, en quién se ha enamorado de quién, quién se ha escapado con quién... en los cotilleos, no en la política. Está más interesada en lo inmediato, aquí y ahora, y esto le da una armonía, una gracia. El hombre está tratando continuamente de demostrar algo, y si quieres demostrar, desde luego que tienes que luchar, competir y acumular.

LA experiencia de la infancia es lo que obsesiona a las personas inteligentes durante toda su vida. Quieren volver a tenerla —la misma inocencia, la misma curiosidad, la misma belleza. Ahora es un eco lejano; parece como si lo hubieras visto en un sueño.

Pero toda la religión nace de la infancia, de su obsesionante experiencia de fascinación, de verdad, de belleza, de la vida danzando maravillosamente alrededor. Con el canto de los pájaros, los colores del arco iris, la fragancia de las flores, el niño en lo profundo de su ser sigue recordando que ha perdido el paraíso.

A CTUANDO con consciencia, dondequiera que te encuentres, estás en el paraíso. Una vez lo hayas aprendido, no preguntarás: «¿Qué es la virtud?». Preguntarás: «¿Qué es poner atención? ¿Qué es la consciencia?». Cuestionarás: «¿Qué es meditación?» —porque eso hará que estés consciente y alerta.

Lo que trae infidelidad es pecado.

Lo que aporta alegría es virtud.

L A consciencia nunca se pierde. Sencillamente se enreda con el otro, con los objetos.

Así pues, lo primero que hay que recordar es que nunca se pierde, es tu naturaleza, pero puedes enfocarla en cualquier cosa que desees. Cuando te canses de dirigirla hacia el dinero, el poder, el prestigio, y llegue a tu vida ese gran momento en el que quieres cerrar los ojos y conducir tu consciencia hacia su propio origen, hacia el punto de donde procede, hacia su raíz —en medio segundo tu vida se transforma.

Y no preguntes cuáles son los pasos a seguir; solamente hay uno. El proceso es muy simple. Solamente hay que dar un paso que consiste en volver hacia dentro.

La evolución de la consciencia atraviesa muchos altibajos. Es un sendero montañoso. No te has equivocado —simplemente es que no estás familiarizado con el camino. Muchas veces la cuesta solo desciende para subir más alto que antes. Cruza valles para alcanzar la cima, y cada cumbre no es más que el principio de un nuevo peregrinaje, pues enfrente se encuentra un pico más alto. Pero para alcanzar la cúspide más alta, tendrás que volver a bajar otra vez. Una vez hayas comprendido que esto es lo natural, toda tu miseria, todas tus nubes simplemente se dispersarán. Uno tiene que aprender no solo a disfrutar durante el día, sino también por la noche —tiene su propia belleza. Las cumbres tienen su gloria, los valles su riqueza. Pero si te vuelves un adicto solamente a las alturas, estás empezando a elegir, y toda consciencia cuando empieza a elegir crea problemas. Mantente sin preferencias y, lo que quiera que llegue, disfrútalo como parte del crecimiento natural.

La noche puede ser todavía más negra, pero cuanto más negra sea, más cerca está el amanecer. Así pues, disfruta del oscurecer de la noche, y aprende a ver la belleza de la oscuridad, de las estrellas, porque durante el día no encontrarás esas estrellas. Y nunca compares lo que ha sido, lo que debería ser y lo que es.

No es una coincidencia que todas las religiones del mundo contienen en sus parábolas la idea de que en algún momento el hombre vivió en el paraíso y que, de alguna manera, por alguna razón, fue expulsado de él. Son diferentes historias, distintas parábolas, pero que significan una sencilla verdad: estas historias solo son una forma poética de decir que cada hombre nace en el paraíso y que después lo pierde. Los retardados, los faltos de inteligencia lo olvidan por completo.

Pero los inteligentes, los sensibles, los creativos siguen obsesionados con ese paraíso que una vez conocieron y del que ahora solo les queda una vaga e increíble memoria. Empiezan a buscarlo otra vez.

La búsqueda del paraíso es la búsqueda de la infancia otra vez. Desde luego tu cuerpo ya no será el de un niño, pero tu consciencia puede ser tan pura como la de un niño. Este es todo el secreto del sendero místico: hacer de ti un niño otra vez, inocente, no contaminado por ningún conocimiento, no sabiendo nada, alerta aún de todo lo que te rodea, con una enorme fascinación y sentido de un misterio que no puede ser desmitificado.

NACISTE. Llegaste al mundo con vida, con consciencia, con una tremenda sensibilidad. Fíjate
solamente en un niño pequeño —observa sus ojos,
su frescura. Todo ello ha sido encubierto por una
falsa personalidad.

L A consciencia [1] es un fenómeno natural. Naces
con ella; pero está rodeada por el duro caparazón en el que se ha convertido la conciencia [2] y no
la deja fluir. La conciencia es una roca que bloquea
la pequeña fuente de la consciencia. Retira la roca
y el manantial empezará a manar. Y con ese brote
tu vida empieza a funcionar de una forma totalmente distinta que nunca antes habías imaginado
siquiera, que nunca hubieras soñado. Y todo
comienza a entrar en armonía con la existencia.
Y estar en armonía con la existencia es estar en lo
correcto —no estar en armonía con la existencia es
incorrecto.

Así pues, la conciencia como tal es la causa
raíz de todo lo equivocado, porque no te permite
estar en armonía con la existencia. Y la consciencia
siempre está en lo cierto de la misma manera que la
conciencia siempre está equivocada.

---

[1] Se refiere a la consciencia en sí mismo.
[2] Se refiere a la conciencia como adquisición moral con-
dicionada.

MIRA por un momento a un niño recién nacido: tiene ojos, tiene consciencia. Lo mira todo a su alrededor, ve todos los colores, las flores, la luz, la gente, sus caras, ¿pero crees que el niño reconoce el color verde como verde? ¿Piensas que discrimina entre un hombre y una mujer? ¿O que esto es bonito y aquello es feo?

Tiene una consciencia no discriminatoria. Simplemente ve todo lo que allí está, pero no tiene ningún juicio sobre ello. No puede tenerlo —aún no le han presentado el color denominado verde o el color llamado rojo. Le llevará algo de tiempo aprender a discriminar.

De hecho, toda nuestra educación no es más que la creación de una consciencia discriminatoria en cada persona. Cada persona nace con una consciencia no discriminatoria —esto es, una consciencia testigo. Nace con eso que el sabio finalmente alcanza. Es un fenómeno muy misterioso que aquello que el sabio consigue como fin supremo, el niño lo posee desde el mismísimo principio.

No es una coincidencia que distintos místicos de diferentes épocas se hayan percatado del hecho de que la iluminación final no es más que la recuperación de la infancia. La misma consciencia que tenías en un primer momento cuando naciste tiene que volver a ser conquistada. No es que consigas algo nuevo, es el redescubrimiento de algo ancestral, eterno.

Te pierdes en el mundo... existen todas las posibilidades para que te pierdas, porque el mundo necesita todo tipo de discriminaciones, de juicios, de evaluaciones, la idea del bien y del mal, la idea de lo bueno y de lo malo —toda clase de deberías y no deberías. El mundo lo necesita y adiestra a cada niño para ello. El niño se pierde cada vez más en el lenguaje, en las palabras, los pensamientos, y finalmente llega a un punto desde el que no puede encontrar el camino de regreso a casa.

Naciste únicamente con consciencia, y todo lo demás lo has ido acumulando después. Todo aquello que tu mente ha almacenado después de tu infancia, déjalo a un lado —y dejarás de interponerte en el camino. Con esta simple comprensión encontrarás abiertas las puertas del templo de tu ser.

Un cuento:
Un rey japonés envió a su hijo para que un místico, un maestro, le enseñara a ser consciente.

El rey era anciano y le dijo a su hijo: «Pon toda tu energía en aprender porque, salvo que seas consciente, no vas a sucederme. No voy a darle mi reino a alguien que está dormido e inconsciente. No es una cuestión entre padre e hijo. Mi padre me lo dio a mí solamente después de haber alcanzado la consciencia. Yo no era la persona adecuada porque no era su hijo mayor, era el menor. Pero mis otros dos hermanos, mayores que yo, no podían alcanzarla.

«Lo mismo va a ocurrirte a ti. Y el problema es aún más complicado porque yo solo tengo un hijo: si tú no alcanzas la consciencia, el reino irá a parar a manos de cualquiera. Tú serás un mendigo de la calle. Por tanto, para ti es una cuestión de vida o muerte. Ve con ese hombre, él ha sido mi maestro. Ahora ya es muy mayor, pero sé que si alguien puede enseñarte, ese hombre es él. Dile: "Mi padre está enfermo, viejo, puede morir cualquier día. Queda poco tiempo y tengo que ser totalmente consciente antes de que muera, de lo contrario perderé el reino".»

Un cuento también muy simbólico: Si no eres consciente, pierdes el reino.

El hijo del rey fue al viejo maestro de las montañas. Le dijo: «He sido enviado por tu discípulo, el rey».

El maestro era muy anciano, más que su padre. Le contestó: «Recuerdo a ese hombre. Era realmente un auténtico buscador. Espero que demuestres tener la misma calidad, el mismo genio, la misma totalidad, la misma intensidad».

El joven príncipe afirmó: «Lo haré todo».

A lo que el maestro respondió: «Entonces, empieza por limpiar en la comuna. Y recuerda una cosa: que te golpearé en cualquier momento. Quizá cuando estés limpiando el suelo yo me acerque por detrás y te golpee con mi vara; así pues, mantente alerta».

Él replicó: «Pero yo he venido a aprender consciencia...»

Y el maestro le contestó: «Así es como aprenderás».

Pasó un año. Al principio recibía muchos golpes cada día, pero poco a poco empezó a estar más consciente. Hasta incluso las pisadas del viejo..., podía encontrarse haciendo cualquier cosa, por muy absorto que estuviera en su trabajo, inmediatamente se daba cuenta de que el maestro estaba rondándolo. El príncipe estaba preparado. Después de un año el maestro lo golpeó por la espalda mientras estaba muy enzarzado hablando con un compañero del *ashram*. Pero el príncipe continuó conversando y, aun así, pudo esquivar la vara antes de que le alcanzara el cuerpo.

El maestro le dijo: «Está bien. Este es el final de la primera lección. Esta noche empezamos la segunda».

El príncipe contestó: «Creí que esto era todo. ¿Esto es solo la primera lección? ¿Cuántas más quedan?».

El anciano respondió: «Depende de ti. La segunda lección consiste en que ahora te golpearé mientras duermes y tienes que mantenerte alerta cuando estés dormido».

Él replicó: «Dios mío. ¿Cómo puede uno estar alerta dormido?».

El viejo aclaró: «No te preocupes. Miles de discípulos han pasado la prueba. También tu padre la pasó. No es imposible. Es difícil, pero es un reto».

Y desde entonces, cada noche recibía golpes en seis, ocho o doce ocasiones. Era difícil dormir. Pero a los seis meses empezó a sentir dentro de él una cierta consciencia. Llegó un día que, justo cuando el maestro iba a golpearlo, con los ojos cerrados le dijo: «No te molestes. Eres demasiado viejo. Me duele que estés tomándote tantas preocupaciones. Soy joven, puedo sobrevivir a los golpes».

A lo que el anciano contestó: «Bendito seas. Has superado la segunda lección. Pero hasta ahora he estado golpeándote con mi vara de madera. La tercera lección consiste en que ahora empezaré a golpearte, desde mañana por la mañana, con una espada auténtica. ¡Mantente alerta! Un solo momento de inconsciencia y estás acabado».

Por la mañana temprano, el maestro solía sentarse en el jardín, escuchar a los pájaros cantando..., ver las flores abrirse, el sol naciendo. El príncipe pensó: «¡Ahora va a ser peligroso! Una vara de madera era dura, difícil, pero no iba a matarme. Una espada auténtica...». Él mismo era un espadachín, pero no se le daba la oportunidad de protegerse; su única protección sería permanecer consciente.

Entonces se le ocurrió una idea: «Este viejo es realmente peligroso. Antes de empezar la tercera lección me gustaría comprobar si él mismo puede pasar la tercera prueba o no. Si va a poner en riesgo mi vida, no puedo permitirle hacerlo sin haber comprobado si es merecedor de ello o no». Esto eran solo pensamientos que se le ocurrían mientras yacía en la cama. La mañana era fría.

El maestro le ordenó: «¡Sal de debajo de tu manta, idiota! ¿Quieres golpear a tu propio maestro con una espada? ¡Avergüénzate! Puedo escuchar las pisadas de tus pensamientos…, abandona esa idea». Lo había escuchado; aunque no le había dicho ni hecho nada.

Los pensamientos también son cosas. Los pensamientos, al moverse, también hacen ruido, y quienes están completamente alerta pueden leer tus pensamientos. Aun antes de que tú los percibas, ellos pueden advertirlos.

El príncipe estaba realmente avergonzado. Cayó a los pies del maestro y dijo: «Perdóname. Soy un auténtico estúpido».

Pero ya que se trataba de un problema de espada, una espada de verdad, empezó a ser consciente de todo lo que le rodeaba, incluso de su propia respiración, del latido de su corazón. Se daba cuenta de la más mínima brisa pasando entre las hojas, de una hoja caída volando en el viento. El maestro lo intentó unas cuantas veces pero siempre lo encontró preparado. No pudo golpearlo con la espada porque no podía sorprenderlo inconsciente, despistado. Siempre estaba alerta. Era una cuestión de vida o muerte —no puedes permitirte estar de ninguna otra manera que no sea alerta.

Durante tres días el maestro no pudo encontrar ni un solo momento, ni un solo resquicio. Y después del tercer día, le llamó y le dijo: «Ahora ya puedes marcharte y comunicar a tu padre que el reino es tuyo, aquí tienes una carta de mi parte».

Estar alerta es el proceso de mantenerse cada vez más despierto.

Cualidades femeninas/
Experiencia femenina

L A mujer ha sufrido mucho porque la mente femenina también ha padecido mucho. La mujer ha estado muy oprimida porque también su mente femenina lo ha estado. Siglos y siglos de opresión, de explotación, de represión; se ha practicado mucha violencia contra la mujer. Naturalmente, se ha vuelto astuta. Ciertamente, ha desarrollado su ingenio inventando sutiles métodos para torturar a los hombres. Es natural. Esa es la forma de actuar de los débiles. Quejándose, protestando —así es como ellos funcionan. Excepto que comprendas esto, no podrás superarlo.

La mujer es frágil. Esa es su condición. Tiene una mayor armonía que el hombre. Es más musical, más rítmica que el hombre, más redondeada. Una cosa: debido a su fragilidad no puede ser tan agresiva como el hombre. Otra cosa: el hombre la ha estado aleccionando en cierta manera; le ha inculcado una mente determinada que no le permite deshacerse de su esclavitud. Esto viene siendo así desde hace tanto tiempo que la ha penetrado hasta los mismos huesos. Ella lo ha aceptado.

Pero la libertad es tal que, ocurra lo que ocurra, permaneces enfocado en ella. Nunca puedes perder el deseo de ser libre, porque ese es también el deseo de ser religioso, de ser divino. La libertad continúa siendo el objetivo, suceda lo que suceda.

Por tanto, ¿qué hacer cuando no existe manera alguna de sublevarse dado que la sociedad completa es machista?, ¿Cómo luchar contra ello? ¿Cómo preservar un poquito de dignidad? La mujer se ha vuelto astuta y diplomática. Empieza a hacer cosas que directamente no son un ataque, pero sí indirectamente. Lucha con el hombre de forma sutil.

Ahí quedan siglos y siglos de indignidad y humillaciones. Puede que tu hombre no te haya hecho nada malo, pero él es la representación de todos los hombres. No puedes olvidarlo. Amas al hombre, a este hombre, pero no puedes amar la organización que los hombres han creado. Puedes amar a este hombre, pero no puedes perdonar al hombre como tal. Y cuando miras a ese hombre, allí descubres la mente machista, y empiezas otra vez.

Esto es verdaderamente inconsciente. Crea una cierta neurosis en las mujeres. Las mujeres son más neuróticas que los hombres. Es natural, porque viven en una sociedad machista, confeccionada por y para los hombres, y ellas tienen que vivir en ella, amoldarse a ella. Tienen que amputarse muchas de sus partes, de sus miembros —miembros vivos— para ceñirse al papel mecánico que les es dado por el hombre. Se resisten, luchan, y de esta continua lucha surge una cierta neurosis. En esto consiste ser una «insidiosa».

Sé que existen situaciones en las que dos personas no están de acuerdo, pero eso es parte del crecimiento. No puedes encontrar a nadie que esté completamente de acuerdo contigo. Especialmente los hombres y las mujeres están en desacuerdo porque sus mentes son diferentes, su actitud ante las cosas es completamente distinta. Funcionan desde centros distintos. Por eso es absolutamente natural que no se pongan de acuerdo con facilidad, pero no hay nada malo en ello. Y cuando aceptas a una persona y la amas, también amas sus discrepancias. No empiezas a pelear, a manipular; intentas comprender el punto de vista del otro. E incluso si no puedes estar de acuerdo, al menos puedes aceptar estar en desacuerdo. Pero, aun así, perdura este profundo y sutil acuerdo: «Está bien, estamos de acuerdo en discrepar. Sobre este punto no vamos a llegar a un acuerdo —muy bien— pero no hay ninguna necesidad de pelear».

E L hombre es más argumentador. Hasta aquí las mujeres lo han aprendido: que si pasas por la argumentación, él ganará. Por eso no discuten, pelean. Se enfadan, y lo que no pueden hacer mediante la lógica, lo hacen a través de la ira. Lo sustituyen con el enfado, y, desde luego, el hombre acepta pensando: «¿Por qué crear tanto problema de una cosa tan pequeña?». Pero esto no es un acuerdo y funcionará como un muro entre los dos. Escucha sus argumentos. Existen posibilidades de que esté en lo cierto —porque la mitad del mundo, el mundo exterior, el mundo objetivo, tiene que ser enfocado desde la razón. Por tanto, cuando se trate de una cuestión del mundo exterior existen más posibilidades de que el hombre tenga razón. Pero cuando sea un asunto del mundo interior, la mujer tiene más posibilidades de estar en lo cierto, porque allí no se necesita la razón. Así pues, si vas a comprar un coche, escucha al hombre, y si vas a elegir una iglesia, escucha a la mujer.

Hombre y mujer tienen que llegar a una cierta comprensión de que, en cuanto a lo que concierne al mundo de los objetos y las cosas, el hombre es más propenso a estar en lo cierto y ser más exacto. Él funciona mediante la lógica; es más científico, más occidental. Cuando la mujer actúa intuitivamente es más oriental, más religiosa. Es más probable que su intuición la lleve por el camino correcto. Así, si te diriges hacia una iglesia, sigue a tu mujer. Ella tiene un sentido más preciso para las cosas del mundo interior. Y si amas a una persona, poco a poco, llegas a comprenderlo, y surge un pacto tácito entre los dos amantes: quién va a tener razón en qué.

Y el amor es siempre comprensión.

Tanto la mente femenina como la mente masculina pueden revelar muchos misterios; pero así como existe conflicto entre la ciencia y la religión, también lo hay entre hombre y mujer. Se espera que un día hombre y mujer se complementen en lugar de chocar entre ellos, pero ese día será el mismo que la ciencia y la religión también se complementen entre ellas. La ciencia escuchará comprensivamente lo que la religión diga, y la religión lo hará con la ciencia. Y no habrá abusos, porque los campos son absolutamente distintos. La ciencia se dirige hacia el exterior, y la religión hacia el interior.

Las mujeres son más meditativas, los hombres más contemplativos. Ellos pueden pensar mejor.

Bien; cuando sea necesario pensar, escucha al hombre. Las mujeres pueden sentir mejor. Cuando sea necesario sentir, escucha a la mujer. Y ambos, sentir y escuchar, hacen de la vida un todo. Así pues, si realmente os amáis, os transformaréis en un símbolo del yin/yang. ¿Has visto el símbolo chino del yin/yang? Dos peces casi encontrándose y fundiéndose el uno con el otro en un movimiento profundo, completando el círculo de la energía. Hombre y mujer, femenino y masculino, día y noche, trabajo y descanso, pensamiento y sentimiento; no son antagónicos entre sí, son complementarios. Y si amas a una mujer o a un hombre, ambos engrandecéis enormemente vuestros seres. Os completáis.

SENSIBILIDAD

Toda la existencia está llena de sensibilidad —y el hombre es el producto más elevado de esta existencia. Naturalmente, tu corazón, tu ser, está listo para desbordarse. Has estado escondiéndolo, reprimiéndolo; tus padres y tus profesores te han dicho que seas duro, que seas fuerte, porque es un mundo lleno de retos. Si no puedes luchar y competir, no serás nadie. De esta manera, solo unas cuantas personas, como poetas, pintores, músicos, escultores, que han dejado de pertenecer al mundo competitivo, que no esperan acumular billones de dólares, son las únicas a las que les queda algún vestigio de sensibilidad.

El meditador está en el camino de la mística; cada vez se volverá más sensible. Y cuanto más compartas tu sensibilidad, tu amor, tu amistad, tu compasión, más cerca estarás del objetivo de ser un místico.

Incluso a los niños pequeños, particularmente a los varones, desde sus comienzos se los frustra diciéndoles «no debes llorar». Esto es condenatorio. Las mujeres pueden gemir y llorar porque hasta ahora no han sido aceptadas como seres humanos en igualdad. De alguna manera son infrahumanas, y por eso se las acepta —las mujeres son débiles. La sensibilidad ha sido concebida para ser débil.

PUEDE haber dos tipos de contacto: cuando realmente tocas y cuando simplemente evitas tocar. Puedo tocar tu mano y evitar el contacto. Puedo no estar presente en mi mano, puedo haberme abstraído. Inténtalo, y tendrás un sentimiento diferente, distante. Coloca tu mano sobre alguien y abstráete. Lo que allí hay es una mano muerta, tú no estás. Y si el otro es sensible, sentirá una mano muerta. Se sentirá insultado. Estás engañando; estás haciendo ver que tocas, pero no estás tocando.

Las mujeres tienen mucha sensibilidad para esto, no puedes engañarlas. Ellas tienen una mayor sensibilidad para el contacto, el contacto corporal; así pues, ellas saben. El marido puede estar diciendo cosas muy bonitas. Puede que le haya traído flores y le diga: «Te amo», pero su contacto demostrará que no está presente. Las mujeres poseen un instinto para sentir cuándo estás con ellas y cuándo no. Es difícil engañarlas.

Cuando el niño nace está indefenso. El bebé humano, particularmente, está completamente desamparado. Tiene que depender de los demás para vivir, para mantenerse vivo. Esta dependencia es un pacto. El niño tiene que dar muchas cosas en ese intercambio, y la sensibilidad es una de ellas. El niño es sensible; todo su cuerpo lo es. Pero está desvalido, no puede ser independiente; tiene que depender de sus padres, de su familia, de la sociedad; tendrá que ser dependiente. Debido a esta dependencia e impotencia, los padres, la sociedad, siguen forzándolo a hacer cosas y tiene que ceder. De otra forma no puede mantenerse vivo, morirá. Así pues, tiene que ofrecer muchas cosas en esta negociación.

Lo primero realmente profundo y significativo a lo que todo niño tiene que renunciar es la sensibilidad, tiene que abandonarla. ¿Por qué? Porque cuanto más sensible es, con más problemas se encuentra, es más vulnerable. Con la mínima sensación empieza a llorar. Los padres tienen que detener su llanto, pero no pueden hacer nada. Pero si el niño continúa sintiendo cada sensación al detalle, acabará siendo un fastidio. Y los niños se hacen pesados, por eso los padres tienen que reducir su sensibilidad. El niño tiene que aprender a resistirse, a controlarse. Y poco a poco tiene que dividir su mente en dos. Por esta razón, hay muchas sensaciones que deja de sentir porque no son «buenas» —se le castiga por ellas.

Todo el cuerpo del niño es erótico. Puede disfrutar de sus dedos, de su cuerpo; todo su cuerpo es erótico. Va explorando su propio cuerpo; es un gran fenómeno para él. Pero llega un momento en su exploración en el que descubre los genitales. Esto se convierte en un problema, porque tanto el padre como la madre están reprimidos. En el momento en que el niño, varón o hembra, toca sus genitales, los padres se sienten incómodos. Esto tiene que ser observado con detenimiento. Su comportamiento cambia de repente, y el niño lo nota. Ha ocurrido algo malo. Empiezan a gritarle: «¡No te toques!». El niño comienza a sentir entonces que pasa algo malo con los genitales, tiene que contenerse. Pero los genitales son la parte más sensible del cuerpo —la más sensible, la parte más viva del cuerpo, la más delicada. Una vez que no permites tocar y disfrutar de los genitales, has matado el propio origen de la sensibilidad. Ahora el niño se volverá insensible y, según vaya creciendo, mayor será su insensibilidad.

L A sensibilidad es el sendero; la insensibilidad es el obstáculo. Si somos insensibles, no existe entonces ningún camino; estamos bloqueados. No existe un pasadizo desde nuestro más íntimo centro hacia la existencia; no tenemos ventanas. Estamos encapsulados..., cada ser humano vive en una cápsula.

La cápsula es muy sutil y transparente, por eso no la sientes, no la ves, pero con un poquito de consciencia se hace evidente que te rodea por todas partes. Es exactamente igual que si das la mano llevando unos guantes puestos, algo está ocultando tu sensibilidad. Te cubres completamente de ropa y sales al sol; los rayos no pueden penetrar tu piel.

Tienes un paraguas que te protege de la lluvia, pero también impide que la lluvia pueda alcanzarte.

A veces está bien desprenderse del paraguas y ponerse simplemente bajo la lluvia y sentirla. Desnudo en la playa, desnudo en el bosque, ¡deja sencillamente que el aire, el sol y la lluvia te toquen! Cuanto más sensible te hagas a las cosas, más cuenta te darás de que Dios está presente en todas partes. En igual proporción de sensibilidad que poseas, sentirás la presencia de Dios. Cuanta menos sensibilidad tengas, menos sentirás a Dios; si no tienes sensibilidad, no sentirás a Dios en absoluto.

S EGÚN vayas haciéndote más sensible, tu co. prensión hacia las personas será como nunca antes lo fue. Solo viendo la cara de un hombre sabrás de él mucho más que él de sí mismo. Simplemente tomando la mano de un hombre sabrás de su energía mucho más de lo que él jamás supo. En ocasiones, al estar con alguien descubrirás que absorbe tu energía y te sientes cansado —solo por estar con esa persona. Y, sin embargo, con otra persona te sientes satisfecho, te sientes más saludable, te sientes mejor.

...bilidad ha sido apagada. Nuestros ...stros abuelos han tenido miedo, ...ble es caminar por el filo de la ...sible a la belleza, no puedes con- ...tu esposa o para tu marido —la belleza está por todas partes. Y tus padres, los padres de todo el mundo, han tenido miedo.

Tu sensibilidad tuvo que ser apagada, destruida, para que estuvieras recluido en una pequeña prisión; de otro modo, hubiera sido imposible imponer la monogamia a la humanidad. Un día te encuentras con una mujer que de pronto te posee; o te encuentras con un hombre, y súbitamente te sientes rebosante: te olvidas por completo de que tienes un esposo que está esperándote. La belleza no sabe de matrimonios, de maridos, de esposas; no conoce limitaciones.

Sin embargo, la sociedad no puede vivir así, porque aún no ha madurado lo suficiente para consentir la libertad absoluta. Únicamente en libertad absoluta puede tu sensibilidad permitirse tener un crecimiento completo.

Todo el mundo nace con sensibilidad, pero todo el mundo muere aletargado. De hecho, mucho antes de que un hombre muera, ya ha muerto. Las religiones han enseñado a la gente a no ser sensibles, porque no se puede confiar en la sensibilidad. Es una brisa —llega y se va por sí sola. No puedes envasarla, no puedes aprisionarla. Este es el motivo por el que la gente tiene miedo de caminar por el sendero de la belleza, temen ser guiados por la belleza en sí misma.

LA sensibilidad requiere una gran inte. Cuanto mayor sea tu inteligencia, más serás. Los búfalos no son sensibles, tampoco lo son los asnos, para ello necesitan inteligencia. Pero ninguna religión quiere que seas sensible, todas ellas temen que te conviertas en un poder por ti mismo. Una persona sensible se transforma en un poder, en una tremenda central energética. Tiene su propia inteligencia, su propio amor, su propia visión interna de las cosas. Tiene claridad de visión, un sentido estético de la belleza —todas estas cosas son peligrosas.

La esposa no quiere que su marido sea sensible a la belleza porque eso es un peligro. Hay tantísimas mujeres bellas..., es mejor que toda sensibilidad hacia la belleza esté completamente aplastada. Así el marido sigue estando siempre dominado. De la misma manera, ningún marido quiere que su mujer tenga sensibilidad hacia la belleza; porque hay tantos hombres..., y la mujer, si su corazón aún está vivo latiendo, todavía puede sentir la primavera... El peligro existe. Puede enamorarse de cualquiera, y eso está más allá de tu poder.

L A sensibilidad puede compartirse de mil y una maneras. La más fundamental es el afecto; no una relación de amor, sino únicamente de afecto puro, sin ninguna condición, sin pedir nada a cambio; simplemente volcando tu corazón en la gente, incluso en los extraños, porque está rebosante de sensibilidad. Actualmente los científicos dicen que puedes estrechar la mano de un árbol, y si eres amable sentirás una enorme sensibilidad en él.

EXISTEN viejas historias, increíbles, que no pueden ser reales —pero uno nunca sabe, quizá lo sean. Se cuenta que cuando Gautama Buda pasaba bajo árboles que no tenían hojas, de repente echaban hojas para darle sombra. Cuando se sentaba bajo un árbol, de pronto miles de flores se abrían y empezaban a caer sobre él. Puede que sea únicamente simbólico, pero también existe la posibilidad de que sea real. Y cuando digo que los científicos modernos investigan sobre los árboles, eso me reafirma.

Jagdishchandra Bose fue el primer hindú ganador del premio Nobel; demostró al mundo científico que los árboles no están muertos, y por ello fue galardonado con el premio. Pero desde Jagdishchandra Bose han sucedido muchas cosas. Sería inmensamente feliz si pudiera venir y ver lo que los científicos han logrado.

Ahora pueden acoplar a un árbol algo parecido a un cardiograma. Un hombre, un amigo con amor en el corazón, se acerca al árbol y este empieza a danzar incluso sin nada de viento, y el cardiograma aparece muy simétrico. El gráfico en el papel se convierte en casi una belleza armoniosa.

UNA vez que te vuelves sensible hacia el mundo que te rodea, puedes dirigir tu sensibilidad hacia el interior, hacia tu morada interior. Es la misma sensibilidad con que escuchas el canto del ruiseñor, sientes el calor del sol, hueles la fragancia de una flor. Es la misma sensibilidad que ahora tienes que llevar hacia dentro. Con esta misma sensibilidad vas a degustar de ti mismo, olerte, verte, tocarte.

Utiliza el mundo como un aprendizaje de sensibilidad. Recuerda siempre: si puedes ser cada vez más sensible, todo va a ser absolutamente correcto. No te aletargues. Deja que todos tus sentidos se agudicen, con tono nítido, vivo, lleno de energía. Y no tengas miedo a la vida. Si le tienes miedo, te volverás insensible para que nadie pueda herirte.

Estás viviendo en un mundo muy loco, patéti-co. Si no te alejas de la psicología de masas y manifiestas tu auténtica realidad, te ahogarás en la confusión de todo el mundo.

La sensibilidad te ayudará enormemente a ser sensato, a ser sensible. Y si sigues la dirección correcta se convertirá en tu meditación, y finalmente en tu experiencia mística de la iluminación.

DÉJAME narrarte una historia: Buda estaba hospedado en un pueblo. Una mujer se le acercó llorando, gimiendo y gritando. Su niño, su único hijo, se había muerto súbitamente. Puesto que Buda se encontraba en el pueblo, la gente le dijo: «No llores. Ve a ver a ese hombre, dicen que tiene una compasión infinita. Si él lo desea, puede reanimar al niño. Así pues, no llores, ve a ver a ese Buda». La mujer fue con el niño muerto, llorando y sollozando y todo el pueblo la seguía —todos estaban afectados. Los discípulos de Buda también estaban afectados y comenzaron a rogar mentalmente para que Buda tuviera compasión. Debía bendecir al niño para que se reanimara, que resucitara.

Muchos de los discípulos de Buda empezaron a llorar. La escena era muy conmovedora, profundamente emotiva. Todos estaban quietos. Buda permaneció en silencio. Miró al niño muerto y después a la desconsolada madre, y le dijo: «No llores, solo tienes que hacer una cosa y el niño volverá a estar vivo otra vez. Déjalo aquí y regresa a la ciudad, llama en todas las casas y pregunta a cada familia si nunca ha muerto algún familiar en su casa. Y si encuentras una casa donde nunca haya muerto nadie, pídeles algo para comer, algo de pan, algo de arroz o cualquier otra cosa —pero que sea de una casa donde nunca haya muerto nadie. Y ese pan o arroz reanimará inmediatamente al niño. Ve. No pierdas tiempo».

La mujer se puso muy contenta. Tuvo la sensación de que el milagro iba a suceder. Tocó los pies de Buda y corrió hacia el pueblo que no era muy grande, solo unas cuantas casas, unas pocas familias. Fue preguntando de casa en casa, pero todas las familias le dijeron: «Eso es imposible. No hay ni una sola casa —no solamente en este pueblo, sino en toda la faz de la tierra—, no existe ni una casa donde nunca haya muerto nadie, donde no hayan sufrido la muerte, la desgracia, la pena y la angustia que de ello se desprende».

Poco a poco la mujer se dio cuenta de que Buda le estaba gastando una broma. Era imposible, pero todavía existía la esperanza. Siguió preguntando hasta haber recorrido todo el pueblo. Se le secaron las lágrimas, se le apagó la esperanza, pero de pronto sintió una nueva tranquilidad, una serenidad que la envolvía. Se dio cuenta de que todo lo que nace tiene que morir. Solo es una cuestión de años. Algunos morirán antes y otros después, pero la muerte es inevitable.

Regresó y una vez más tocó los pies de Buda, diciendo: «Como todos dicen, realmente tienes una gran compasión hacia las personas». Nadie podía comprender lo que había sucedido. Buda la inició en *sannyas*, se convirtió en discípulo.

Ananda, discípulo de Buda, le preguntó: «Podrías haber reanimado al niño. Era tan bonito y su madre estaba tan angustiada…». Pero Buda respondió: «Aunque lo hubiera resucitado, tendría que morir. La muerte es inevitable». Ananda replicó: «No pareces ser muy sensible con la gente, con su desgracia y angustia». Buda contestó: «Yo soy sensible, pero tú eres sentimental. Solo porque llores, ¿crees que eres sensible? Eres infantil. No comprendes la vida. No te percatas del fenómeno».

Podemos concebir que Buda fuese más sensible que sus discípulos que estaban llorando. Ellos eran sentimentales.

No confundas tu sentimentalismo con la sensibilidad. El sentimentalismo es ordinario; la sensibilidad es extraordinaria. Sucede a través del esfuerzo; es un logro, tienes que ganártelo. El sentimentalismo no tiene que ser ganado; naces con él. Es una herencia animal que ya posees en las células de tu cuerpo y de tu mente. La sensibilidad es una posibilidad; todavía no la tienes. Puedes crearla, puedes trabajártela —entonces te sucederá.

AFECTO

EL más profundo amor del corazón es exactamente igual que la brisa que entra en tu habitación, te trae su frescor, su lozanía y después se marcha. No puedes sujetar el viento en tu puño. Muy poca gente tiene el coraje de vivir una vida que cambia momento a momento. De ahí que hayan decidido sucumbir a un amor del cual puedan depender.

No sé qué tipo de amor conoces —lo más probable es que sea del primer tipo, quizá del segundo. Puede surgir una nueva clase de amor que quizá solamente nace en una persona entre millones. Este amor solamente puede ser denominado afecto.

El primer tipo de amor debería llamarse sexo. El segundo amor. El tercero debería denominarse afecto —una cualidad, no dirigida a nadie, no posesiva y que no permite que nadie te posea. Esa cualidad amorosa es una revolución tan radical que es muy difícil de concebir incluso.

TODOS los seres humanos son merecedores de ser amados. No hay ninguna necesidad de ligarse a una persona para toda la vida. Esta es una de las razones por la que todas las personas del mundo tienen un aspecto tan aburrido.

Haz que el amor sea libre en las personas, haz que no sean posesivas. Pero esto solamente puede ocurrir si meditando descubres tu ser. No es algo que practicar. No te estoy diciendo: «Esta noche sal con otra mujer solamente para practicar». No vas a obtener nada y puede que pierdas a tu esposa. Y por la mañana parecerás un estúpido. No es cuestión de practicar, se trata de descubrir tu ser. Con el descubrimiento del ser a continuación sigue la cualidad del afecto impersonal. Entonces sencillamente amas y tu amor sigue extendiéndose. Primero hacia los seres humanos, inmediatamente después hacia los animales, los pájaros, los árboles, las montañas, las estrellas. Llega un día en el que toda esta existencia es tu amada. Ese es nuestro potencial. Y todo aquel que no lo logre está malgastando su vida. Sí, tendrás que perder algunas cosas, pero no merecen la pena. Ganarás tanto que nunca volverás a pensar en lo que perdiste.

Un afecto impersonal puro que puede penetrar en el ser de cualquiera —este es el resultado de la meditación, del silencio, de sumergirte en la profundidad de tu propio ser.

Tú eres responsable de todo, de toda danza que tiene lugar. Cuando te relajas y te dejas ir, eso es también responsabilidad tuya. Cuando no te relajas y no te permites entrar en ese estado de inacción, eso también es responsabilidad tuya. No son dos cosas distintas; solamente hay una cosa, tu responsabilidad.

Únicamente tienes que recordar una cosa: lo que quiera que te proporcione un corazón más amoroso, lo que te dé una inteligencia más clara, lo que te ofrezca una individualidad más integrada, hazlo. Lo que sea contrario a ello, es contrario a tu propio crecimiento supremo.

Los siguientes son simbólicos. El afecto, la amistad, la compasión, la inteligencia, la claridad de visión —todo ello simboliza que estás en la dimensión correcta.

L A única esperanza para la humanidad está en la cualidad de la feminidad —la única esperanza. La esperanza no está en Friedrich Nietzsche, Adolf Hitler, Benito Mussolini: la esperanza está en Buda, Chaitanya, Meera —en un tipo de gente totalmente distinto. Y tanto hombres como mujeres tenemos que volver hacia una clase de afecto femenino.

Mi camino ha sido descrito como el del corazón, pero no es verdad. El corazón te dará
todo tipo de imaginaciones, alucinaciones, ilusio-
nes, sueños dulces —pero no puede darte la verdad. La verdad está detrás de ambos, cabeza y
corazón; está en tu consciencia, que no es ni la
cabeza ni el corazón. Precisamente porque la consciencia está separada de ambos, puede utilizarlos a
los dos en armonía. La cabeza es peligrosa en
determinados campos, porque tiene ojos pero no
tiene piernas —está lisiada. El corazón puede funcionar en ciertas dimensiones. No tiene ojos, pero
tiene piernas; es ciego, pero puede moverse mucho,
a gran velocidad —desde luego sin saber hacia
dónde va. No es solo una coincidencia que en todos
los idiomas del mundo se dice que el amor es
ciego. No es que el amor sea ciego, es que el corazón no tiene ojos. Y según tu meditación vaya
haciéndose más profunda, según tu identificación
con la cabeza y el corazón empiece a decaer, descubrirás que te trasformas en un triángulo. Y tu
realidad está en tu tercera fuerza interior: la consciencia. La consciencia puede manejarlos con
mucha facilidad porque tanto el corazón como la
cabeza le pertenecen.

EL amor también sabe rugir como un león.
El amor no es solo dulce poesía.

Si el amor fuera únicamente dulce poesía, no podría existir en este mundo loco. Tiene que ser lo suficientemente fuerte —más fuerte que el odio, más fuerte que la ira—, tiene que ser el rugido de un león.

RECEPTIVIDAD

E L inicio de toda creación es el macho, pero él no puede aportar un útero. Y por el mero hecho de iniciarla, la vida no nace; la vida solamente nace cuando encuentra la protección del útero. Las hormonas, la sangre y todo lo demás viene del cuerpo de la mujer. Esto no nos sucede a nosotros. La protección, el desarrollo, la seguridad todo ello es parte de la consciencia femenina. El inicio, el comienzo, es parte de la consciencia masculina, pero el hombre se aburre inmediatamente después y comienza otra cosa.

Escuchar es uno de los secretos básicos para entrar en el templo de Dios. Escuchar significa pasividad. Escuchar significa olvidarte completamente de ti mismo —solo entonces puedes escuchar. Cuando escuchas atentamente a alguien te olvidas de ti mismo. Si no puedes olvidarte de ti, nunca escuchas. Si tienes demasiada conciencia de ti mismo, sencillamente finges que estás escuchando —no escuchas. Puede que afirmes con la cabeza; puede que a veces digas sí o no —pero no estás escuchando.

C UANDO escuchas, te conviertes en un pasadizo, en pasividad, receptividad, un útero: te vuelves femenino. Y para llegar uno tiene que ser femenino. No podéis alcanzar a Dios siendo invasores agresivos, conquistadores. Solamente puedes alcanzar a Dios... o mejor dicho: Dios puede alcanzarte únicamente cuando eres receptivo, una receptividad femenina. Cuando te vuelves yin, receptivo, la puerta está abierta. Y esperas.

Escuchar es el arte de llegar a ser pasivo. Buda y Mahavir han enfatizado mucho en escuchar, Krishnamurti hace mucho hincapié en escuchar correctamente.

Tus oídos no son más que pasajes; solo agujeros —nada más. Los oídos son más femeninos que los ojos; los ojos son más masculinos. Los oídos son una parte más yin; los ojos más yang. Cuando miras a alguien, eres agresivo. Cuando escuchas a alguien, eres receptivo.

Esta es la razón por la que mirar a alguien durante demasiado tiempo es vulgar, descortés, mal educado. Existe un cierto límite; los psicólogos dicen que tres segundos. Si miras a una persona durante tres segundos es correcto; se puede tolerar. Más de eso, ya no estás mirando entonces —estás escudriñando; estás ofendiendo a la persona; estás invadiendo.

Pero escuchar a una persona no tiene límite, porque los oídos no pueden invadir. Sencillamente se quedan donde están. Los ojos necesitan descansar. ¿Te has dado cuenta por la noche? —los ojos necesitan descansar, los oídos no. Están abiertos las veinticuatro horas —a lo largo de todo el año. Los ojos no pueden permanecer abiertos ni siquiera minutos —un parpadeo continuo, un cansancio continuo. La agresión cansa porque te extrae la energía; por eso los ojos tienen que parpadear continuamente para descansar. Es un reposo continuo. Los oídos siempre están descansados.

Por ello, muchas religiones han utilizado la música como un acercamiento a la oración —porque la música hace que los oídos sean más vibrantes, más sensibles. Uno tiene que ser más oídos y menos ojos.

La receptividad es un estado de no-mente. Cuando estás completamente vacío de todo pensamiento, cuando la consciencia carece de contenido, cuando el espejo no refleja nada, esto es receptividad. La receptividad es la puerta hacia lo divino. Abandona la mente y sé.

Cuando estás en la mente, estás a kilómetros de distancia del ser. Cuanto más pienses, menos eres. Cuanto menos pienses, más eres. Y si no piensas en absoluto, esos son los momentos en los que el ser se reafirma a sí mismo en su totalidad.

RECEPTIVIDAD sencillamente significa abandonar la basura que sigues cargando en la cabeza.

Y tienes mucha basura, completamente inútil. La mente significa el pasado, y el pasado ya no sirve para nada; ya ha sucedido y nunca más va a suceder otra vez, porque en la realidad nada se repite jamás.

Incluso cuando piensas, sientes, que es la misma situación, nunca lo es. Cada mañana es un nuevo día, y cada mañana el sol que encuentras es un nuevo sol. No estoy hablando del sol material. Estoy refiriéndome a la belleza, la bendición, la dicha que brinda cada día —todo ello es totalmente nuevo.

SI sigues arrastrando imágenes del pasado, nunca podrás ver lo nuevo. Tus ojos estarán tapados por tus experiencias, tus expectativas, y esos ojos no podrán ver aquello que te confronta.

Así es como vamos perdiéndonos la vida: el pasado se convierte en una barrera que te encierra, te atrapa dentro de algo que ya no existe. Te quedas encapsulado en lo muerto. Y cuanta más experiencia acumules, cuanto más vayas creciendo, más y más grueso será el caparazón de la experiencia muerta que te rodea. Estarás cada vez más cerrado. Paulatinamente todas las puertas y ventanas se cierran. Entonces existes, pero existes alienado, desarraigado. En tal caso no estás en comunión con la vida. No estás en comunión con los árboles, las estrellas y las montañas. No puedes estar en comunión porque la gran Muralla China de tu pasado te rodea.

Cuando digo que te vuelvas receptivo, me refiero a que vuelvas a ser un niño otra vez.

R ECUERDA lo que Jesús repetidamente dice a sus discípulos: Salvo que seáis como niños pequeños nunca podréis entrar en mi reino de Dios. Eso que les está diciendo es exactamente el significado de receptividad. El niño es receptivo porque no sabe nada, y al no saber nada, es receptivo. El anciano no es receptivo porque sabe demasiado, y sabiendo demasiado, está cerrado. Tiene que volver a nacer, tiene que morir al pasado y volverse un niño otra vez —desde luego no en el cuerpo, sino que la consciencia debería ser siempre como la de un niño. No infantil, recuerda, sino como un niño —adulto, maduro, pero inocente.

¿**P**UEDES oír la llamada lejana del cuco? ¿Oyes el gorjeo de los pájaros? Esto es receptividad. Es un estado existencial de silencio, absoluto silencio; ningún movimiento, ni un murmullo, y sin embargo no estás dormido; estás alerta, absolutamente atento. Cuando el silencio y la atención se encuentran, se mezclan y se vuelven uno, entonces hay receptividad. La receptividad es la cualidad religiosa más importante.

Vuélvete un niño. Comienza a funcionar desde el estado de no-saber y por sí solo el silencio te llegará, y una gran atención consciente. Entonces la vida es una bendición.

CONFIANZA

Una vez que sabes, ¿qué sentido tiene creer? La creencia está en la ignorancia. Si sabes, sabes. Y es bueno que si no sabes, sepas que no sabes —la creencia puede defraudarte. La creencia puede crear un ambiente en tu mente en el que, sin saber, empiezas a creer que sabes. La creencia no es confianza, y cuanto más vigorosamente digas que crees completamente, más miedo tienes a la duda que llevas dentro.

La confianza no sabe de dudas. La creencia no es más que reprimir la duda; es un deseo. Uno no se siente solo; no se siente desprotegido, inseguro —de ahí viene la creencia.

La confianza es sencilla. Es como un niño confía en su madre. No se trata de creer —la creencia aún no se ha introducido en él. Una vez fuiste un niño pequeño, ¿creías en tu madre o confiabas en ella? La duda aún no ha surgido, por tanto, ¿qué sentido tiene creer? La creencia llega solamente cuando se introduce la duda; primero viene la duda. Más tarde, para reprimir la duda, te aferras a una creencia. Confianza es cuando la duda se desvanece; confianza es cuando la duda no existe.

Por ejemplo, respiras. Tomas una respiración hacia dentro; después exhalas, sueltas el aire, ¿Tienes miedo de soltar el aire porque, quién sabe, tal vez no vuelva? Confías. Confías que volverá. Desde luego que no hay motivo para confiar, ¿por qué razón? ¿Por qué debería volver el aire? A lo sumo puedes decir que en el pasado siempre ha sucedido así —pero eso no es una garantía. Puede que no ocurra en el futuro. Si tienes miedo de soltar el aire porque puede que no vuelva, entonces contendrás la respiración dentro. En eso consiste la creencia —en colgarse, en aferrarse. Pero si contienes la respiración, tu cara se pondrá morada y sentirás que te asfixias. Y si sigues haciéndolo, morirás.

Todas las creencias asfixian y ninguna te ayuda a estar realmente vivo.

S I exhalas, confías en la vida. La palabra budista «nirvana» sencillamente significa exhalar, respirar hacia fuera —confiar. La confianza es un fenómeno muy, muy inocente. La creencia pertenece a la cabeza; la confianza al corazón. Uno simplemente confía en la vida porque procede de ella, vive en ella, y regresa de nuevo al origen. No existe el miedo. Naces, vives y morirás; no hay miedo. Otra vez volverás a nacer, volverás a vivir y morirás. La misma vida que te ha proporcionado la vida siempre puede darte más vida, por tanto, ¿por qué tener miedo? ¿Por qué aferrarse a las creencias? Las creencias son producto del hombre; la confianza es producto de Dios. Las creencias son filosóficas; la confianza no tiene nada que ver con la filosofía. La confianza simplemente demuestra que sabes en qué consiste el amor. No es un concepto de Dios sentado en algún lugar del cielo manipulando y dirigiendo. La confianza no necesita de ningún Dios, la vida infinita, esta totalidad, es más que suficiente. Una vez que confías, te relajas.

A FERRARSE a algo, cualquier cosa que sea, demuestra desconfianza. Si amas a una mujer o a un hombre, y te enganchas, únicamente demuestra que no confías. Si amas a una mujer y le preguntas: «¿Me amarás también mañana o no?». No confías. Si vas al juzgado para casarte, no confías. Confías más en el juzgado, en la policía, en la ley, que en el amor. Te estás preparando para el mañana. Si esta mujer o este hombre intenta engañarte mañana o te deja en la estacada, puedes obtener ayuda del juzgado y de la policía, la ley estará contigo y toda la sociedad te apoyará. Estás tomando tus medidas, por miedo. Pero si realmente amas, con el amor es suficiente, más que suficiente. ¿A quién le importa el mañana?

L A confianza te abre los ojos; no tiene nada que perder. Confianza significa que todo lo que es real, es real —«puedo dejar a un lado mis deseos y esperanzas, no afectan a la realidad. Lo único que pueden es distraer mi mente de la realidad».

Es más fácil tener conocimientos, es muy barato, no cuesta nada; es muy difícil, arduo, alcanzar el saber. Por eso son tan pocas, muy raras las personas que intentan meditar, muy raras las personas que tratan de orar, muy raras las personas que jamás hacen algún esfuerzo por saber lo que la verdad es. Y todo aquello que no hayas aprendido por ti mismo no tiene sentido. Nunca podrás estar seguro de ello. La duda nunca desaparece; la duda permanece por debajo como un gusano, saboteando tu conocimiento. Puedes gritar muy alto que crees en Dios, pero tus gritos no demuestran nada. Tus gritos solamente prueban una cosa: que existe la duda. Solamente la duda grita muy fuerte. Puedes convertirte en un creyente fanático pero tu fanatismo únicamente demuestra una cosa: que la duda existe.

C UANDO un niño empieza a andar por primera vez, existe en él una tremenda confianza de que será capaz de hacerlo. Nadie le ha enseñado. Solo ha visto andar a otras personas, eso es todo. Pero ¿cómo puede llegar a la conclusión de que: «Seré capaz de andar»? Es tan pequeño. Las personas son tan grandes, gigantes comparadas con él, y sabe que siempre que se pone en pie se cae —pero aun así lo intenta. La confianza se lleva incorporada. Está en cada célula de tu vida. Lo intenta, caerá muchas veces; lo volverá a intentar una y otra vez. Y un día, la confianza vence y comienza a caminar.

L A sociedad, la civilización, la cultura, la iglesia, todos ellos fuerzan al niño a ser más lógico. Intentan que enfoque sus energías hacia la
cabeza. Una vez las energías están enfocadas en la
cabeza, se hace muy difícil descender al corazón.
De hecho, todos los niños nacen con una gran energía de amor. El niño nace de la energía de amor. El
niño está lleno de amor, de confianza. ¿Has mirado
a los ojos de un niño pequeño? —cuánta confianza.
El niño puede confiar en todo: puede jugar con una
serpiente, puede irse con cualquiera. Puede moverse tan cerca del fuego que puede llegar a ser peligroso —porque aún no ha aprendido cómo dudar.
Así pues, le enseñamos la duda, el escepticismo, la
lógica. Parecen ser medidas para sobrevivir. Le
enseñamos el miedo, la precaución, la prudencia, y
todo ello junto mata la posibilidad del amor.

Poco a poco la gente aprende a no confiar, a convertirse en escépticos crónicos. Pero sucede tan lentamente, en dosis tan pequeñas, que nunca te das cuenta de lo que está pasándote. Para cuando ha ocurrido, ya es demasiado tarde. A esto la gente lo llama experiencia. Dicen que una persona tiene experiencia cuando ha perdido contacto con su corazón: dicen que uno es muy experto, muy listo, muy astuto; nadie puede engañarlo. Tal vez nadie pueda decepcionarlo, pero se ha engañado a sí mismo. Ha perdido todo lo que era valioso; lo ha perdido todo.

SABEMOS cómo hacer las cosas; ese es el modo masculino, positivo, agresivo.

Existe otro planteamiento, más sutil, más grácil, más femenino: mantenerse en un estado de entrega, de rendición, y permitir que la existencia fluya a través de ti. Esto es hacer mediante el no-hacer. En un sentido es negativo, porque no estás haciendo nada. Sentado en silencio, sin hacer nada, la primavera llega y la hierba crece por sí sola. Este es el secreto de la auténtica meditación: sentado en silencio, no hagas nada. Espera…, espera pacientemente. Espera en la profunda confianza de que la existencia cuida de ti, que cuando estés preparado y maduro, serás colmado de amor, que el amor te desbordará. La primavera llega…, eso significa que cada cosa tiene su época. No puedes obtenerlo antes de que llegue su tiempo, tienes que alcanzar una cierta madurez.

PACIENCIA

En el útero de la madre el óvulo femenino simplemente espera. No va a ninguna parte. El esperma masculino viaja y lo hace a gran velocidad. El esperma tiene que recorrer una distancia realmente tremenda hasta llegar al óvulo de la mujer; comienza la gran competición. Los hombres son competitivos desde el propio comienzo, incluso antes de nacer. Mientras hace el amor con una mujer, el hombre libera millones de espermatozoides y todos se precipitan hacia el óvulo. Es necesaria una gran velocidad porque solo uno podrá alcanzar el óvulo, no todos. Solo uno será el ganador del premio Nobel. ¡Las auténticas olimpiadas empiezan allí! Y es un asunto de vida o muerte, no es ordinario. Y la competición es grande —millones de espermatozoides luchando, precipitándose—, uno lo conseguirá. En ocasiones sucede que dos llegan al mismo tiempo, entonces nacen gemelos. Porque cuando un espermatozoide se introduce, la puerta se cierra. A veces dos o tres espermatozoides llegan exactamente al mismo tiempo; la puerta estaba abierta, así pues los tres entran. Entonces nacen tres, dos, cuatro o incluso seis niños. Pero esto rara vez sucede. Generalmente uno llega una fracción de segundo antes que los demás. La puerta está abierta; una vez que un huésped ha entrado, se cierra. Pero el óvulo femenino simplemente espera allí…, con gran confianza.

Por eso las mujeres no pueden ser competitivas: no pueden luchar, no pueden combatir. Y si en algún lugar encuentras una mujer que combate y pelea, que es competitiva, entonces es que carece de algo de su condición de mujer. Puede que físicamente sea una mujer, pero psicológicamente es un hombre.

Por lo tanto, recuerda, la pasividad no es pereza. La pasividad tiene su propio tipo de actividad. No es tensa, es relajada.

Dos tortugas iban muy sedientas arrastrándose por el desierto. Al cabo de un tiempo descubrieron una botella grande de coca-cola (debían de ser norteamericanas). Saltaron de alegría, pero enseguida se dieron cuenta de que no tenían un abridor. Lo intentaron con todas sus fuerzas, pero no había manera de abrir la botella, así que decidieron que una volvería al pueblo y la otra vigilaría la botella. Pasó mucho tiempo —cinco horas, diez horas, un día, dos días, cinco días, siete días. Entonces la tortuga que vigilaba volvió a intentar abrir la botella. Inmediatamente la otra tortuga salió corriendo de entre las dunas cercanas gritando: «Si empiezas así, nunca me iré».

LAS mujeres pueden esperar, y pueden hacerlo infinitamente, su paciencia es infinita. Tiene que ser así, porque tienen que portar al bebé durante nueve meses. Cada día se hace más, más y más pesado, más y más difícil. Tienes que ser paciente y esperar, no se puede hacer nada al respecto. Tienes que amar incluso a tu carga, esperar y soñar que el niño nacerá. Y fíjate en una madre, una mujer que pronto vaya a ser madre: se vuelve más hermosa porque cuando espera florece. Alcanza un tipo de gracia distinto, cuando va a ser madre está rodeada por un aura, porque ahora está en su punto álgido —la función básica que la naturaleza ha inventado para ser realizada por su cuerpo. Ahora está floreciendo, pronto retoñará.

REVERENCIA
HACIA LA VIDA

Hay muchas personas que se dan cuenta de que están vivas solo cuando mueren. Cuando estaban vivas estaban tan ocupadas en tantas cosas que se olvidaron de la vida por completo. Se acordaron de ella solo cuando supieron que únicamente les quedaban unas cuantas respiraciones —el corazón se está hundiendo, solo quedan unos cuantos latidos más—, es en ese momento cuando comprenden: «Qué estúpido he sido. Toda la vida sencillamente ha pasado por mi lado. No he bebido de su vino, no he comido sus frutos, ni siquiera estoy familiarizado con su fragancia. ¿Cómo ha sido? Y ahora es demasiado tarde».

¿Alguna vez le has dedicado un solo pensamiento? —que la misma idea de Dios como persona es una estupidez. En ninguna parte existe ningún Dios como persona, y todos esos templos, todas esas mezquitas, sinagogas e iglesias están vacías. Fabricadas por hábiles sacerdotes; no tienen nada que ver con la religión.

Jalil Gibrán está en lo cierto cuando dice que tu vida cotidiana es tu templo. Aceptar este simple hecho —que tu vida diaria es tu templo y tu religión—, solamente comprender este simple hecho, va a ser una gran transformación. Entonces no puedes hacer muchas de las cosas que siempre has estado haciendo, porque —la tierra sagrada— está en todas partes y estás tratando con Dios en cada momento.

No puedes engañar a tus clientes; no puedes ser posesivo con tus hijos, porque están más cerca de Dios que tú. Su inocencia es un puente, tu conocimiento es un muro, una muralla china; solamente puedes ser respetuoso con los niños. No puedes actuar de la vieja manera porque siempre estás actuando dentro del templo, y cada uno de tus actos es una oración. En cada momento estás rodeado por Dios. Sentirás su presencia incluso en tu esposa, en tu marido, en tu amigo, en tu enemigo, porque excepto Él, nadie más existe.

H
auté

E
libros
co pro
si te gu
gías —
sabor de

Sí, es
pájaro en v
danzando a
tu libro sagr
darás cuenta
de la que eras

dado cuenta de ello. Podría hab
haber amado, podría haber c
demasiado tarde». La gen
el momento ro
continuamente
vida, pero qu
vida cotid
atenci

una energía
consciente.

Es casi como el pez que no sabe nada sobre el océano, porque nace en él, ha vivido en él y un día morirá en él. Era parte del océano, exactamente como una ola; no sabe nada del océano. El pez solo llega a conocer el océano cuando el pescador lo saca de él y lo tira en la arena caliente de la playa. Entonces sabe que ha perdido su auténtica casa a la que nunca había prestado atención. Ahora está sediento, intentando por todos los medios posibles volver atrás y saltar al océano. Fuera de él ha tomado consciencia de lo que ha perdido.

La gente solo presta atención a lo que pierde en el momento de la muerte, porque la muerte llega como el pescador, sacándote del océano de la vida. Según eres sacado de la vida, de pronto comprendes: «¡Dios mío! He estado vivo y nunca me había

er bailado, podría
antado, pero ahora es
te solamente lo aprecia en
tán muriendo, que han estado
deados por la energía eterna de la
e nunca han participado en ella. Tu
ana es tu templo y tu religión. Actúa con
ón, actúa conscientemente, y muchas cosas
pezarán a cambiar naturalmente.

Yo no tengo ninguna filosofía de no-violencia, pero sí un modo de vida que puedes llamar «reverencia hacia la vida». Lo cual es una perspectiva totalmente distinta.

La no-violencia sencillamente dice no matar a otros. ¿Crees que eso es suficiente? Solo es una enunciación negativa: no matar a otros, no dañar a otros. ¿Es eso suficiente?

La reverencia hacia la vida dices compartir, ofrece tu alegría, tu amor, tu paz, tu dicha.

Lo que quiera que puedas compartir, compártelo.

Si eres reverente hacia la vida, se convierte en un culto.

Entonces sientes que Dios está vivo en todas partes.

Observar a un árbol se convierte en culto. Dar de comer a un invitado se vuelve un culto.

Y no estás complaciendo a nadie, no estás haciendo un servicio; simplemente estás disfrutando.

Todo niño nace bello, pero según va creciendo comienza a aprender formas de cómo ser feo, cómo ser competitivo, celoso, violento, destructivo, agresivo. Poco a poco pierde todo contacto con la vida porque ha perdido su reverencia hacia ella.

Si me preguntas, diré que la religión es reverencia hacia la vida. Y si no tienes reverencia hacia la vida, no puedes concebir nada de la existencia —los árboles, los pájaros y los animales— como distintas expresiones de la misma energía. En el origen somos hermanos y hermanas de los animales, de los pájaros y de los árboles; y si empiezas a sentir esta hermandad, descubrirás el primer sabor de lo que la religión es.

NINGÚN hombre es una isla, todos somos parte de un vasto continente. Existe variedad, pero eso no nos hace separados. La variedad hace más rica la vida —parte de nosotros está en los Himalayas, parte de nosotros en las estrellas, parte de nosotros en las rosas. Una parte de nosotros está en el pájaro en vuelo, una parte de nosotros en el verde de los árboles. Nos extendemos por todas partes. Experimentarlo como una realidad transformará todo tu planteamiento sobre la vida, transformará cada uno de tus actos, tu propio ser.

Estarás lleno de amor; lleno de reverencia hacia la vida. Por primera vez, según mi opinión, serás verdaderamente religioso —no un cristiano, no un hindú, no un musulmán, sino verdaderamente, puramente religioso.

L A palabra *religión* es hermosa. Viene de una raíz que significa unir a aquellos que por ignorancia se han separado; juntarlos, despertarlos para que puedan ver que no están separados.

Entonces no puedes herir ni siquiera a un árbol. Tu compasión y tu amor serán exactamente espontáneos —no cultivados, no parte de una disciplina. Si el amor es una disciplina, es falso. Si la no-violencia es cultivada, es falsa. Si la compasión es alimentada, es falsa. Pero si llegan espontáneamente sin ningún esfuerzo por tu parte, entonces tienen una realidad tan profunda, tan exquisita...

En nombre de la religión se han cometido muchos crímenes en el pasado. Muchas más personas han sido asesinadas por la gente religiosa que por nadie más. Ciertamente todas esas religiones han sido falsificaciones, seudo.

La auténtica religión tiene que nacer.

¿Nunca has experimentado un momento de amor, de oración, de beatitud? Jamás me he cruzado con un ser humano que sea tan pobre. ¿Nunca has escuchado el silencio de la noche? ¿Nunca te has estremecido con él? ¿Conmovido? ¿Transformado por él? ¿Nunca has visto salir el sol en el horizonte? ¿Nunca has sentido algo así como una profunda interrelación con la salida del sol? ¿Nunca has sentido más vida dentro de ti, derramándose a raudales por todas partes? Quizá por un momento... ¿Nunca has tomado la mano de un ser humano y algo ha empezado a fluir de ti hacia él y de él hacia ti? ¿Nunca has experimentado cuando dos espacios humanos se superponen y fluyen el uno en el otro? ¿Nunca has visto una rosa y olido su fragancia?, ¿y de repente eres transportado a otro mundo?

Estos son momentos de oración.

Y cuando desde el mismísimo principio cada niño es educado con reverencia hacia la vida —reverencia hacia los árboles porque están vivos, reverencia hacia los animales, hacia los pájaros, ¿crees que semejante niño pueda ser un día un asesino? Será casi inconcebible.

Y si la vida es alegre, llena de canciones y danzas, ¿crees que alguien deseará suicidarse? El noventa por ciento de los crímenes desaparecerán automáticamente; solo el diez por ciento puede que permanezcan, los que son genéticos, los que necesitan hospitalización —pero no cárceles, prisiones, no personas para ser sentenciadas a muerte. Eso es todo tan feo, tan inhumano, tan demencial.

REVERENCIA hacia la vida no significa únicamente reverencia hacia la vida de los demás.

También incluye, además, reverencia hacia tu propia vida.

La vida debería alcanzar profundidad, y la reverencia hacia la vida debería ser la única religión en el mundo.

No existe división entonces y el hombre puede ser sanado.

Es un gran reto para la humanidad futura.

Por eso sigo insistiendo en que deberíamos cortar con el pasado —estaba totalmente enfermo. El hombre ha vivido una vida muy enferma porque ha creado una filosofía muy enferma, y la ha seguido muy en serio. Deberíamos romper con esa enfermedad, por muy respetable y antigua que sea, y redescubrir la totalidad del hombre. Y eso solamente puede hacerse cuando nos sumemos a la alegría con reverencia, cuando la festividad se convierta en una profunda reverencia; y cuando la reverencia no te conduzca hacia la muerte, hacia la renuncia, sino hacia el regocijo, la danza, la celebración.

GRATITUD

L A auténtica gratitud nunca puede encontrar palabras para expresarse a sí misma.

La gratitud que encuentra palabras para expresarse es solo una formalidad —porque todo aquello que es sentido con el corazón, inmediatamente va más allá de las palabras, de los conceptos, del lenguaje. Puedes vivirlo, puede brillar en tus ojos, puede emanar como una fragancia por todo tu ser. Puede ser la música de tu silencio, pero no puedes expresarlo. En el momento en que lo pronuncies, algo esencial muere inmediatamente.

Las palabras solamente pueden transportar cadáveres, no experiencias vivas.

La gratitud no tiene un objetivo externo ni tampoco interno. La gratitud es casi como la fragancia que desprende una flor. Es una experiencia que no está dirigida a nadie.

Cuando llegas hasta el mismo origen de tu ser donde te sientes completamente como en primavera y las flores llueven sobre ti, de pronto sientes una gratitud que no está dirigida a nadie, exactamente como una fragancia que sale de ti, justo como el incienso desprendiendo nubes de humo y fragancia hacia un cielo desconocido y desapareciendo después.

PARA mí, la gratitud es la mayor experiencia que puedes tener —no hacia Dios, no hacia nadie en particular..., simple gratitud hacia toda esta existencia. Estos pájaros, estos bellos árboles, toda esta existencia es tan hermosa que no sentir gratitud hacia ella es permanecer ciego, ignorante, inconsciente.

Este universo es tu hogar. Procedes de este universo y regresas de vuelta a él. La plegaria carece de sentido. Únicamente la gratitud…, ni siquiera tienes que emplear la palabra, simplemente el sentimiento de gratitud.

Pero el sentimiento de gratitud solamente surgirá cuando hayas experimentado los misterios, el esplendor, el jardín completo de flores que te es dado. Y tú no lo has pedido; de ningún modo lo mereces, no te lo has ganado. Es un puro regalo de la abundancia de la existencia en sí.

La existencia es abundante, tan cargada de esplendor que quiere compartirlo.

No puede compartirlo a menos que estés centrado en tu ser. Solamente puede compartir sus secretos con un Buda. Y tú tienes todas las oportunidades para llegar a ser un Buda.

COMPASIÓN

SABEMOS lo que la pasión es, por lo tanto no resulta muy difícil comprender lo que la compasión puede ser. Pasión significa un estado de fiebre biológica —es ardiente. Estás casi poseído por energías biológicas, inconscientes. Dejas de ser dueño de ti mismo, eres solo un esclavo.

Compasión significa que has trascendido la biología, la psicología. Dejas de ser un esclavo y te conviertes en dueño. Ahora funcionas conscientemente. No eres conducido, arrastrado y empujado por fuerzas inconscientes, puedes decidir qué quieres hacer con tus energías. Eres completamente libre. Entonces, la misma energía de la pasión es transformada en compasión.

La pasión es lujuria, la compasión es amor. La pasión es deseo, la compasión es ausencia de deseo.

La pasión es avaricia, la compasión es compartir. La pasión quiere utilizar a la otra persona como un medio, la compasión la respeta como un fin en sí misma. La pasión te mantiene atado a la tierra, al lodo, y nunca te conviertes en un loto. La compasión hace de ti un loto. Empiezas a elevarte por encima del fangoso mundo de los deseos, de la avaricia, de la ira. La compasión es la transformación de tus energías.

Sí, solamente la compasión es terapéutica —porque todo lo que está enfermo en el hombre es debido a la falta de amor. Todo lo que va mal en el hombre de alguna manera está asociado con el amor. No ha sido capaz de amar, o no ha sido capaz de recibir amor. No ha sido capaz de compartir su ser. Esa es la desgracia. Eso es lo que crea todo tipo de complejos internos.

Esas heridas internas pueden salir a la superficie de muchas formas: pueden convertirse en enfermedades físicas, en enfermedades mentales —pero en lo más profundo el hombre sufre por falta de amor. Así como el alimento es necesario para el cuerpo, el amor es necesario para el alma. El cuerpo no puede sobrevivir sin alimento, y el alma no puede sobrevivir sin amor. De hecho, sin amor el alma no puede nacer nunca —no cabe plantearse su supervivencia.

Ú NICAMENTE en el amor uno puede sentir que es
más que el cuerpo, más que la mente.

Por eso digo que la compasión es terapéutica.
¿Qué es compasión? Compasión es la forma más
pura del amor. El sexo es la forma más baja del
amor, la compasión su forma más elevada. En el
sexo el contacto es básicamente físico; en la compasión el contacto es principalmente espiritual. En
el amor, la compasión y el sexo están mezclados, lo
físico y lo espiritual están mezclados. El amor está
a mitad de camino entre el sexo y la compasión.

A la compasión puedes llamarla oración también. Asimismo puedes llamarla meditación. La
forma más elevada de la energía es la compasión.
La palabra «compasión» es bella: la mitad es
«pasión» —de alguna manera se ha refinado tanto
que ha dejado de parecerse a la pasión. Se ha convertido en compasión.

TIENES que comprender que para ser compasivo, en primer lugar uno tiene que ser compasivo consigo mismo. Si no te amas a ti mismo, nunca podrás amar a nadie. Si no eres amable contigo mismo, no puedes serlo con nadie. Los conocidos como santos, tan duros con ellos mismos, solo fingen ser amables con los demás. No es posible. Psicológicamente es imposible. Si no puedes ser amable contigo mismo, ¿cómo puedes serlo con los demás?

Lo que quiera que seas contigo mismo lo eres con los demás. Haz de ello una máxima básica. Si te odias a ti mismo, odiarás a los demás —y te han enseñado a odiarte a ti mismo. Nunca nadie te ha dicho: «¡Ámate a ti mismo!». La propia idea parece absurda: ¿amarse uno mismo? La misma idea no tiene sentido: ¿Amarse uno mismo? Siempre pensamos que para amar uno necesita a otra persona. Pero si no lo aprendes contigo mismo, no podrás practicarlo con los demás.

S ALVO que te haya acontecido la compasión, no
pienses que has vivido correctamente o que has
vivido en absoluto. La compasión es el floreci-
miento. Y cuando la compasión le sobreviene a una
persona, millones de ellas son sanadas. Quienquie-
ra que se acerque a esa persona es sanado. La compasión es terapéutica.

BELLEZA

L A mujer puede contribuir inmensamente para crear una sociedad más delicada, más bella.

PUEDES entrar en cualquier casa e inmediatamente verás si allí vive una mujer o no. Ella tiene un sentido estético, una cierta claridad sobre la belleza. El hombre es tosco; no tiene ningún sentido estético. Puede vivir sin preocuparse por el aspecto de su casa y ser completamente feliz. Carece justo de esa sensibilidad.

EXISTEN poetas, místicos, gente con sentido estético. Ven la verdad como belleza —Jalaluddin Rumi y Rabindranath Tagore entre otros, piensan que la belleza es la verdad. Crean mucho arte, generan nuevas fuentes de belleza en el mundo. El pintor, el poeta, el bailarín, el músico, también se plantean la verdad desde una dimensión completamente distinta al poder.

Un poeta no se parece a un científico. El científico trabaja con el análisis, la razón, la observación. El poeta funciona a través del corazón —lo irracional..., la confianza, el amor. Un poeta no tiene nada que ver con la mente y la razón.

S I solamente conoces la belleza y no eres consciente de la fealdad, tu sentido de la belleza no puede ser muy profundo. ¿Cómo puede serlo? Siempre está en proporción. Cuanto más empieces a sentir la belleza, más empezarás a sentir la fealdad. No son dos cosas, sino el movimiento de una sensación en dos direcciones. Pero la sensación es una. No puedes decir: «Solo soy consciente de la belleza». ¿Cómo puedes serlo? Con el sentido estético de la belleza, se introducirá el sentido de fealdad. El mundo será más bello, pero al mismo tiempo más feo; esa es la paradoja.

Comienzas a sentir la belleza de la puesta de sol, pero entonces también empiezas a sentir la fealdad de la pobreza por todo alrededor. Si una persona dice: «Siento la belleza de la puesta de sol y no siento la fealdad de la pobreza y de los barrios bajos», está engañándose a sí mismo o bien a los demás. ¡Es imposible! Cuando el ocaso es bello, los barrios bajos son feos. Y frente a la puesta de sol, cuando mires a los barrios bajos estarás en el cielo y en el infierno simultáneamente. Todo es de esta manera y está obligado a ser así. Una cosa creará su opuesto.

Por tanto, si no eres consciente de la belleza, no serás consciente de la fealdad. Si eres consciente de la belleza, también tomas consciencia de la fealdad. Disfrutarás, sentirás la dicha de la belleza y después sufrirás. Es parte del crecimiento. El crecimiento siempre significa conocer los extremos que constituyen la vida. Así pues, cuando el hombre llega a tomar consciencia, también se da cuenta de que no es consciente de muchas cosas y que debido a ello sufre.

L A ética no es significativa. Todo lo significativo es un sentido de la estética, un sentido de la
belleza. Pero eso solo es posible si te empapas de
amor; el sentido de la belleza no lo puedes absorber
por sí solo. Yo no puedo embeber solo tu sombra;
siempre viene acompañada por ti. Si quiero invitar
a tu sombra, tendré que invitarte también a ti. Si tú
eres mi huésped, tu sombra también lo será.

INTUICIÓN

E L hombre no puede comp
mujer no puede comprende
como el Sol y la Luna: cuando
desaparece. Cuando el Sol se po
ce. Nunca se encuentran. Nunca se
cara. Tu intelecto, tu razón, desapa
intuición empieza a funcionar. Las   res son
más intuitivas. No tienen una razón para todo, pero
pueden tener un presentimiento y casi siempre sue-
len acertar.

intelecto es astuto, calculador. El intelecto siempre está tratando de explotar a los demás. La intuición es justo lo contrario; no es explotadora.

Déjame decirte una cosa. La gente piensa que algún día el mundo llegará a un punto donde no habrá clases ni jerarquías económicas: ni pobres, ni ricos. Y quienes más han pensado en este sueño, en esta utopía —Marx, Engels, Lenin y Mao—, todos ellos son intelectuales y el intelecto nunca puede abordar este tipo de asuntos. Solo en un mundo intuitivo es posible que las clases puedan desaparecer. Pero ellos están en contra de la intuición —los marxistas piensan que el intelecto lo es todo de todo, que no hay nada más allá de él. Si eso es así, entonces su utopía nunca será realidad —porque el intelecto como tal es explotador; es astuto. El intelecto es violento, agresivo, destructivo.

La energía del Sol es muy violenta y abrasadora. Quema, mata.

Si realmente alguna vez va a existir un mundo sin clases, un mundo verdaderamente comunista —donde existan las comunas y no haya clases—, ese mundo tiene que ser entonces totalmente antimarxista. Tiene que ser intuitivo. Y los constructores de ese mundo no pueden ser políticos —solo poetas, gente imaginativa, soñadores.

Me gustaría decir que el hombre no puede ser el creador de ese mundo, solo la mujer. La Luna puede crear un mundo de igualdad, no el Sol.

La intuición es concluyente. Por eso las mujeres son más telepáticas. Las mujeres son más visionarias y les suceden muchas cosas intuitivas. Todos los grandes médiums son mujeres.

La hipnosis, la telepatía, la clarividencia, la clariaudiencia, todas ellas pertenecen al mundo de las mujeres. Déjame contarte algo sobre la historia del pasado.

La brujería era una habilidad de mujeres. Por eso se la llama brujería. Todo el mundo de las brujas era intuitivo. Los sacerdotes eran contrarios a ello; todo su mundo era intelectual. Recuerda, todas las brujas, casi todas las brujas, eran mujeres; y todos los sacerdotes, casi todos los sacerdotes, eran hombres. Primero, los sacerdotes trataron de quemar a las brujas. Miles de mujeres fueron quemadas en Europa en la Edad Media porque los sacerdotes no podían comprender el mundo de la intuición. No podían creer en él —parecía peligroso, extraño. Querían aniquilarlo por completo.

Y lo eliminaron totalmente. Intentaron destruir uno de los más bellos instrumentos de receptividad, de un conocimiento más elevado, de las más altas esferas del ser, de posibilidades superiores. Lo destruyeron por completo; dondequiera que encontraban una mujer médium, la mataban. Y crearon tal pánico que hasta las mujeres perdieron esa capacidad, simplemente por causa del miedo.

Los psicoanalistas son contrarios a la brujería —todos ellos son hombres. Ahora los psicoanalistas han tomado el lugar de los sacerdotes —todos son hombres. Los freudianos, los adlerianos, todos son hombres. Ahora están en contra de la mujer. ¿Y sabes? Más o menos todos sus pacientes son mujeres. Esto ya es algo. Y cuando existían las brujas, más o menos todos sus pacientes eran hombres. Me sorprende, pero parece que tenía que ser así. Cuando existían las brujas, sus pacientes eran todos hombres: el intelecto buscando la ayuda de la intuición, el hombre buscando la ayuda de la mujer. Ahora ha sucedido justo todo lo contrario. Todos los psicoanalistas son hombres y todos sus pacientes son mujeres. Actualmente la intuición ha sido tan lisiada y aniquilada que tiene que buscar la ayuda del intelecto.

Lo más elevado está buscando ayuda en lo más bajo. Es un estado de cosas muy deplorable. No debería ser así.

La historia completa de la ciencia lo demuestra de muchas formas. Cuando la intuición se utilizaba como método, la alquimia existía entonces. Cuando el intelecto llegó al poder, la alquimia desapareció; nació la química. La alquimia es intuitiva; la química intelectual. La alquimia era la Luna; la química el Sol. Cuando la Luna era predominante, la intuición también lo era; existía la astrología. Ahora existe la astronomía, la astrología ha desaparecido. La astrología es la Luna y la astronomía el Sol. Y por ello el mundo se ha vuelto muy pobre.

L A intuición es el peldaño más alto de la escalera, la escalera de la consciencia. Puede dividir-
se en tres partes: la más baja y primera es el instinto; la segunda, la del medio, es el intelecto; y la tercera, la más elevada, es la intuición.

El prefijo «in» se utiliza en las tres palabras. Es
significativo. Significa que son cualidades innatas.
No se pueden aprender, no existe modo alguno de
desarrollarlas con ninguna ayuda externa.

EL instinto es el mundo de los animales —todo es instinto. Aun cuando a veces veas indicaciones de otras cosas, es tu proyección. Por ejemplo, puedes ver amor en los animales —la madre cuidando de sus crías muy amorosa y cuidadosamente—, puedes pensar que no es solo instinto, que es algo superior, no solo biológico. Pero no es superior, simplemente es biológico. La madre actúa como un robot en manos de la naturaleza. Está desvalida —tiene que hacerlo. En muchos animales el padre no tiene ningún instinto de paternidad; por el contrario, muchos matan a sus propias crías y se las comen.

En los cocodrilos, por ejemplo, la vida de sus crías está en tremendo peligro. La madre es protectora y lucha por sus vidas, pero el padre lo único que desea es darse un buen almuerzo. El padre no tiene ningún instinto; de hecho, el padre es una institución humana.

Cualquiera que esté observando sentirá que el padre es realmente cruel, que no tiene compasión, no tiene amor, y que la madre es realmente maternal. Pero únicamente estás proyectando tus ideas. La madre protege, pero no por ninguna razón consciente; está en sus hormonas protegerlos y el padre no tiene nada que ver con esas hormonas. Si le fueran inyectadas las mismas hormonas, dejaría de matar a sus propias crías. Por tanto, es una cuestión de química, no de psicología ni de ninguna otra cosa más elevada que la bioquímica.

El noventa por ciento de la vida humana aún forma parte del mundo animal. Vivimos por instinto.

EL intelecto está siempre buscando algo; la intuición sencillamente está abierta.

No buscando nada en concreto, simplemente mirando —es una visión.

Ese es el significado de la palabra «intuición».

La intuición nunca pregunta cómo o por qué. Acepta sin más. Es una aceptación profunda, una aceptación total.

LA intuición es como el instinto porque tú no puedes hacer nada al respecto. Es parte de tu consciencia, exactamente igual que el instinto es parte de tu cuerpo. No puedes hacer nada con tu instinto ni tampoco con tu intuición. Pero igual que puedes dejar que tu instinto se realice, también puedes permitir y dar libertad total a tu intuición para que se cumpla. Y te sorprenderás del tipo de poderes que has estado llevando dentro de ti.

La intuición puede darte respuesta a cuestiones supremas —no verbalmente sino existencialmente. No necesitas preguntar: ¿Cuál es la verdad? El instinto no lo oirá, es sordo. El intelecto lo escuchará, pero solo puede filosofar; es ciego, no puede ver. La intuición es vidente, tiene ojos. Ve la verdad —no es cuestión de pensar en ella.

Ambos, instinto e intuición, son independientes de ti. El instinto está bajo el poder de la naturaleza, de la naturaleza inconsciente, y la intuición en manos del universo superconsciente, de la consciencia que rodea al universo en su totalidad, la consciencia oceánica de la que nosotros solo somos pequeñas islas —o mejor aún, iceberg, porque podemos fundirnos y ser uno con ella.

De alguna manera la intuición es exactamente opuesta al instinto.

El instinto te lleva siempre hacia el otro; su realización siempre depende de algo distinto de ti.

La intuición te lleva únicamente hacia ti mismo.

No tiene dependencia, no necesita al otro; de ahí su belleza, su libertad y su independencia.

La intuición es un estado exaltado que no necesita nada. Está tan llena de sí misma que no hay lugar para nada más.

Epílogo

SI alguien te pide que resumas mi punto de vista filosófico, no va a resultar tan sencillo, porque yo veo al hombre como un ser multidimensional. Tendrás que dar a conocer diez no-mandamientos.

El primero: libertad.
El segundo: unicidad de la individualidad.
El tercero: amor.
El cuarto: meditación.
El quinto: no-seriedad.
El sexto: disfrute.
El séptimo: creatividad.
El octavo: sensibilidad.
El noveno: gratitud.
El décimo: una sensación de lo misterioso.

Estos diez no-mandamientos constituyen mi actitud básica hacia la realidad, hacia la libertad del hombre ante todos los tipos de esclavitud espiritual.

Sobre el autor

————

Las enseñanzas de Osho desafían la categorización al abarcar desde la búsqueda individual de significado hasta los temas sociales y políticos más urgentes a los que la sociedad actual se enfrenta. Sus libros nunca fueron escritos: son transcripciones de grabaciones, sonoras o en vídeo, tomadas de las conferencias improvisadas que ofreció, durante treinta y cinco años, a una audiencia internacional. Osho ha sido descrito por el *Sunday Times* de Londres como uno de los «1.000 constructores del siglo XX», y por el norteamericano Tom Robbins como «el hombre más peligroso desde Jesucristo».

Refiriéndose a su propio trabajo, Osho ha dicho que él está ayudando a crear las condiciones para el nacimiento de una nueva clase de ser humano. Muchas veces ha caracterizado a este nuevo ser humano como «Zorba el Buda» —capaz al mismo tiempo de disfrutar de los placeres terrenales como Zorba el griego y de la silenciosa serenidad de Gautama Buda. Atravesando como un hilo los diversos aspectos de la obra de Osho se encuentra una visión que pone en sintonía la perenne mirada oriental con las enormes posibilidades de la ciencia y las tecnologías occidentales.

Osho es también reconocido por sus revolucionarias contribuciones a la ciencia de la transformación interior, con un acercamiento a la meditación que deja a un lado el ritmo acelerado de la vida contemporánea. Sus «Meditaciones Activas» están pensadas para, en primer lugar, desprenderse del estrés acumulado por el cuerpo y la mente, de manera que es más fácil experimentar el estado de meditación relajado y libre de pensamientos.

Existen dos obras autobiográficas del autor:

- *Autobiografía de un místico espiritualmete incorrecto*, Ed. Kairós.
- *Vislumbres de una infancia dorada*, Ed. Gaia.

Sobre el *Resort*
de meditación de Osho ®

E L *Resort* de meditación de Osho es un magnífi-
co lugar para las vacaciones, donde se puede
tener la experiencia directa de un nuevo modo de
vida con mayor atención, relajación y alegría.

Situado a ciento setenta kilómetros de Mumbai
en Puna, India, el *Resort* ofrece programas diferentes a los miles de personas de más de cien nacionali-
dades que lo visitan cada año. Creado originalmente
como lugar de retiro veraniego para los maharajás y
ricos colonialistas británicos, Puna es, en la actuali-
dad, una moderna metrópoli que aloja universidad e
industria tecnológicas. El *Resort* de meditación, de
más de kilómetro y medio de superficie, se encuentra en un barrio arbolado llamado Koregain Park. En
el *campus* del *Resort* puede alojarse un número limi-
tado de visitantes en el nuevo centro para huéspedes,
y hay una gran variedad de hoteles cercanos y apar-
tamentos privados en alquiler para estancias que
pueden ir desde unos pocos días a varios meses.

Los programas del *Resort* se basan en su totalidad en la visión de Osho de un tipo cualitativamen-

te nuevo de ser humano que es capaz tanto de participar creativamente en la vida cotidiana, como de relajarse en el silencio y la meditación. La mayoría de los programas tienen lugar en las modernas y acogedoras instalaciones, e incluyen sesiones individuales, cursos y talleres que abarcan tanto cualquier aspecto de las artes creativas y tratamientos holísticos de medicina, como transformación personal y terapia, ciencias esotéricas, el acercamiento zen a los deportes y el ocio, temas de relaciones y transiciones significativas en la vida para hombres y mujeres. Las sesiones individuales y los talleres de grupo se ofrecen durante todo el año, junto con un horario de meditación a lo largo de todo el día. Existen cafés y restaurantes al aire libre dentro del *Resort* que ofrecen platos tradicionales indios, así como una amplia selección de comida internacional, en todos los casos elaborada con productos orgánicos cultivados en la propia granja del *Resort*. El *campus* tiene abastecimientos propios de agua filtrada completamente segura.

www. osho.com/resort

Para más información

―――――

Véase:

www.osho.com

UNA página web exhaustiva y multilingüe que incluye una revista *on-line*, emisiones de audio y vídeo, información sobre los programas y los viajes al Centro de Meditación en Puna y un archivo completo de charlas de Osho, además de un catálogo de todas sus publicaciones, incluyendo libros, revistas, cintas y vídeos.

O contactar con:

Osho International, Nueva York
E-mail: osho-int@osho.com

Obras de Osho publicadas por Editorial Edaf

———

Aquí y ahora.
En busca de la trascendencia.
Día a día.
Emociones.
Hombre y mujer.
Meditación.
Tantra.
El significado oculto de los Evangelios.
Cuando el calzado es cómodo... te olvidas del pie.